国学微读

蒋寅 主编

修齐治平中国观

王小岩 著

凤凰出版社

图书在版编目（CIP）数据

修齐治平中国观 / 王小岩著. -- 南京 : 凤凰出版社, 2017.10（2024.10重印）
（国学微读 / 蒋寅主编）
ISBN 978-7-5506-2658-4

Ⅰ. ①修… Ⅱ. ①王… Ⅲ. ①儒家－哲学思想－通俗读物 Ⅳ. ①B222-49

中国版本图书馆CIP数据核字(2017)第248788号

书　　名	修齐治平中国观
著　　者	王小岩
责任编辑	王清溪
书籍设计	徐　慧
责任监制	程明娇
出版发行	凤凰出版社(原江苏古籍出版社) 发行部电话025-83223462
出版社地址	江苏省南京市中央路165号,邮编:210009
照　　排	江苏凤凰制版有限公司
印　　刷	唐山楠萍印务有限公司 河北省唐山市芦台经济开发区场部
开　　本	787毫米×1092毫米　1/32
印　　张	6
字　　数	130千字
版　　次	2017年10月第1版
印　　次	2024年10月第2次印刷
标准书号	ISBN 978-7-5506-2658-4
定　　价	89.00元 (本书凡印装错误可向承印厂调换,电话:022-69381996)

序

自上世纪末以来,"微"字一步步走入我们的生活。先是微机、微生物、微量元素,然后是微博、微信、微视、微观察、微语言、微电影、微讲堂,最后是微店、微商、微客、微营销、微服务、微伙伴、微幸福……今天,我们的日常生活已是一个由"微"构成的世界。而在消费领域,更仿佛所有的需求和供给都趋于微化,连阅读也开始进入微读的时代。这一微化的趋势及意义,尚难一言以蔽之,但我想它首先意味着更多元、更个性化、更有针对性的社会需求以及相应而生的各种供给。

持续增长的中国经济所带来的不只是满足物质欲望的需求,同时也酝酿着社会对精神文化的渴求。经济腾飞、国力增强的成功,多少找回点国人对民族文化的信心,教育水平的提高更为传统文化的普及提供了适宜的土壤,"国学热"顺理成章地在世纪之交成为文化市场的时尚。从大学讲堂到民间书院,从经院学术到大众传媒,国学忽然成了全社会关注的对象。大学纷纷成立国学院,出版社推出各种高头讲章,电视台也开办各类国学知识讲坛,一时间国学不可谓不热!但遗憾的是,这热潮并未能让国学得到很好的普及和承传,甚至国学作为知识的基本属性在社会上下也不曾达成一致的认识。一个有象征意味同时也颇具反讽效果的事实是,国学将作为一级学科设立,而且被归入历史类。让我迷惑的是，它下设的国史（中国史）、国文（中国语言文学）原本就是一级学科，不知将如何自处；更不知道将来顶着国学博士头衔求职的人，将如何回答考官“你学的是什么专业”的问询？当他们说明自己的专业范围时，考官定会惊讶：你说你获得的是“文科博士”或“人文学博士”吗？世界上没有这样的学位。曾有日本书法家在欧洲开展览，当被问及书写字体何以像汉字时，此君回答那是亚洲字。识者哂道，从来没有以洲际命名的文字。同理，也从来没有以跨知识领域命名的学位。

将国学设为一级学科并归入历史类，显示出学界对国学概念理解的模糊不清。与近代许多学术概念一样，“国学”也源自日语名词，本指相对于洋学的日本传统学问，近代中国借指相对于西学的以儒家学说为主体和价值核心的中国文化与学术，西人称之为 Sinology，也译作“汉学”或“中国学”。它以先秦儒家经典为根基，吸收诸子学说和佛教等外来文化，历经两汉经学、魏晋玄学、宋明理学等学术思潮及文学、艺术史的充实和发展，以诗赋、史传、注疏、翻译、骈散文、词曲、传奇、小说等丰富多彩的文本形式构筑起庞大的知识体系，是记录和传承华夏民族物质和精神文化的古典知识的总和。国学的基本属性，或用一句话来给国学下定义的话，那就是本国传统学问。它对应的知识范围是传统图书分类学意义上的经史子集四部文献，是反映古代中国的知识积累和学科区分意识的知识系统。其中既有与现代学科分类对接的知识门类，如史学；也有与现代学科分类不相容的知识门类，如经学、诸子学。将这古典知识系统纳入现代科学体系，必然会出现方枘圆凿的结果。

自近代以来，学人间常有一种偏见，以为学科划分源自西学的影响。历史学家顾颉刚年轻时也曾说过，“中国的学问是向来只有一尊观念而没有分科观念的”，“旧时士大夫之学，动称经史词章，此其所谓统系乃经籍之统系，非科学之统系也”(《古史辨》自序)。这是不符合事实的。即便是经史词章，古代也自有分科。南朝梁元帝萧绎《金楼子·立言》云：“古人之学者有二，今人之学者有四。夫子门徒，转相师受，通圣人之经者，谓之儒。屈原、宋玉、枚乘、长卿之徒，止于辞赋，则谓之文。今之儒，博穷子史，但能识其事，不能通其理者，谓之学。至如不便为诗如阎纂，善为章奏如伯松，若此之流泛谓之笔。吟咏风谣，流连哀思者，谓之文。”这是唐以前的学问分科。鲁曾煜《穆堂别稿序》举程子之说曰：“古之学者出于一，今之学者出于三，曰道学也，经学也，词学也。”这是宋代理学家的学问分科。宋濂《傅幼学字说》论后世之学，说：“士有以理财为学者矣，有以听讼为学者矣，有以治兵为学者矣，有以文章为学者矣，有以训诂为学者矣。”这是明人的学问分科。王棻《论学》则说：“尝观古今天下之学术，大概有三，而其别有四，举业不与焉。曰性理之学，经济之学，训诂之学，词章之学。”曾国藩也有义理之学、词章之学、经济之学、考据之学四科的划分(《求阙斋日记》)，分别对应于孔门德行、言语、政事、文学四科。这又是清代在正统观念主导下的学科分类。如果切合社会实际而进行学科划分，那么包括的知识面还要广得多。应㧑谦《万子充宗仪礼商序》云：“今之世有经济之学，有禅玄之学，有诗赋之学，有四六之学，有刑名之学，有举业之学，而性命之学则未之见也。”对应当今的学科分类，包含政治、经济、宗教、文学(文秘)、法学、逻辑、哲学、伦理八科。方以智之父孔炤又说：“言义理，言经济，言文章，言律历，言性命，言物理，各各专科，然物理在一切中，而《易》以象数端几格通之，即性命、生死、鬼神，只一大物理也。”(《物理小识》引)这又相当于今天的哲学、政治、经济、文学、天文、数学、哲学、心理学、自然科学九科，这大体就是中国古代传统学问的学科分类。

中国古代没有自然科学的概念，现代学科分类中的物理、化学、生物学等都以“物理”之名概之；与近代学科分类相比较，传统学问又没有工、商、医、农诸分科。大体说来，传统观念中的学问体系，以性理之学、经史之学、辞章之学为正统学问，词曲之学、书画之学、物理之学、天文历算之学、地理水道之学、医药之学、兵法律令之学为杂学，奇门遁甲、星象堪舆、卜筮相占、释道修炼之学为旁门左道。说它不同于近代学科体系，甚至说是前现代的知识体系都可以，但要说没有分科观念，显然是不合适的。所谓国学，就是这些知识门类的综合体，是一个由古典的学科分类支撑的知识体系，将它纳入当今的现代学科分类中，结果只会带来学科体系的混乱。这就是我赞同设立国学院，甚至建议用传统知识体系乃至教育理念来教学，却坚决反对设立国学一级学科的道理。

由于学界在“国学”概念认知上的迷惑，近年的国学热在导向上存在很大的偏差，重思想史、学术史而轻艺术史和生活史，传统国学教育中的“四科”、“六艺”几乎被淡忘。虽然市面上涌现出一大批国学类出版物，但多数为学术著作和较专门的读物，适合普通读者阅读的普及读物，尤其是涵盖传统国学丰富内容的读物还较少。为此我们共同编纂了这套意在普及传统文化知识的“国学微读”丛书，希望以独特的形式、适当的内容和扎实的知识，引领青少年和对国学感兴趣的读者畅游国学天地。由个性化的写作，个性化的阅读，获得见微知著的效果。

这套丛书的宗旨主要是为读者提供丰富有趣的传统文化知识，其中包括华夏民族文化的基础知识、传统观念和道德习俗，还有日常生活、游戏等内容。选题和总体设计都经过反复斟酌，以适应普通读者的阅读需求。除了讲究知识的完整、系统、准确之外，还注意深入浅出，通俗易懂，可读性强。为此，各位作者在构思、视角和叙述文字上都很下了一番功夫，相信读者们能够感受到他们的勤奋和努力。必须说明的是，普及读物不同于学术著作，学术著作只有一种写法，或者说只有一种较好的写法，而普及读物却有无数种写法。就国学这么大的题目而言，不同的作者会写出各种不同面目的书来。我们的设计和写作未必就是最理想的，因此很希望听到读者的意见。各位读者若能将读后感反馈给我们，那我们就有了改进的动力和方向。

国学，不仅沉睡在浩瀚的古籍里，也生活在你我的交流中。无数微读的星光，会汇成银河，将国学的夜空照亮。其中有你，也有我。

蒋　寅

2016年9月1日于中国社会科学院文学研究所

目　录

小　引

本书试图用通俗易读的文字，分专题介绍中国古代传统观念，包括伦常、政治、人生、日常生活以及哲学、宗教等方面的内容。通过阅读，读者可以粗略地了解中国古代思想的丰富内容，增强自身的民族文化修养。

本书避免很细很深的论述，强调阅读趣味，结合历史典故、历史故事等，引起读者的阅读兴趣以便于接受。

中国传统观念很多，有精华也有糟粕。本书根据时代的变化去分析，有价值的正面赞扬，负面的加以批评，让读者对中国古代传统观念的价值有大略的认识。

第一章　伦常观念

一　男女授受不亲

中国古代有“男女授受不亲”的说法，这个说法最早见于《孟子》中。原文是：

> 淳于髡曰：“男女授受不亲，礼与？”孟子曰：“礼也。”曰：“嫂溺，则援之以手乎？”曰：“嫂溺不援，是豺狼也。男女授受不亲，礼也；嫂溺，援之以手者，权也。”曰：“今天下溺矣，夫子之不援，何也？”曰：“天下溺，援之以道；嫂溺，援之以手。子欲手援天下乎？”

淳于髡，姓淳于，名髡，战国时齐国有名的辩士。这个有名的辩士想为难一下孟子，就问孟子说：“男女之间不能亲手递接东西，这是礼吧？”孟子说：“是礼。”既然男女之间手不能接触，淳于髡就刁难孟子道：“如果嫂子落水了，那能用手拉她吗？”孟子回答说：“嫂子落水了，如果不去拉，就成了豺狼，不是人了。男女之间不亲手递接东西，是礼；但嫂子落水而用手去拉，这是礼的变通。”孟子回答说人固然要守礼，但不能死守，必要时候要做变通。孟子这样回答就解决了淳于髡的刁难。不过，淳于髡又接着问："现在天下的人都落水了，您不去救，为什么呢？"是啊，战国纷乱，人民陷入水深火热之中，您平常只是动嘴皮子，为什么不去挽救他们呢？淳于髡这个追问很犀利，一下子要拆解孟子宣扬的道德。不过孟子不愧为亚圣，轻松应答："天下的人都落水了，要用道去解救；嫂子落水了，要用手去救。你难道想用手去救天下的人吗？"淳于髡听了应该会哑口无言吧。

孟子像（摘自申仁编《故宫旧藏珍宝欣赏》，上海：上海科学技术出版社，2000 年）

应该注意，这里第一次说"男女授受不亲"的不是孟子，而是淳于髡。第二次提"男女授受不亲"则是孟子，孟子也承认这个说法。那么，"男女授受不亲"到底是什么意思呢？"授"，即给予。"受"，即接受。"亲"，即亲手。"男女授受不亲"的意思就是男女之间不能亲手递受物品。

"男女授受不亲"的确是当时的一个普遍思想。《礼记》中也说"男女不杂坐，不同椸，不同巾栉，不亲授"。男女不能随便挤坐在一起，不能将衣服挂在同一个衣架上，不能使用同一方巾帕和同一把梳子，不得手接手地递东西。

看起来这样的想法很不近人情，但实际上"男女授受不亲"并不是反对男女之间交往，而是反对无礼的身体接触。其实如今的社会，人们还保留着这样的意识。比如在同学中、在工作中，如果不是男女双方相互有意的话，在传递东西时故意触摸对方的手或身体是冒犯人的、很不礼貌的。若严重的话，用现在的话说就是性骚扰。

孟子也说："嫂溺，援之以手者，权也。""男女授受不亲"不是铁板一块的戒律，不是男女之间一定不能接触。这里的"权"本意是指秤锤，用来衡量轻重，引申为衡量轻重而变通处理。男女根据情况可以变通。

不过，随着时代的变化，这种变通的思想变得僵化，变得极端，且不知变通了。

北宋司马光的《涑水家仪》中说，宫室必须分别内外，女性如果没有必要的事情的话不能到中门窥看，有事情到中门必须遮住脸面。男仆如果有缮修宫室或者其他的大事，进了中门，女性必须回避，若来不及回避的话，必须用袖子遮住脸。这里虽然是针对皇宫中的女性，但可以发现"男女授受不亲"本来对男女同样约束的礼，现在只针对女性了。

皇宫中有这样的规矩，自然影响到民间。市井小民的下层社会，也跟风学习。《元史》中记载了一位节妇马氏：马氏乳房生疮，别人劝她求医诊治，否则就有生命危险，但马氏却说：我是个寡妇，宁愿死，也不能让男子看我的乳房。结果马氏因病而死。此时对"男女授受不亲"的观念已经僵化起来。

明代人看待类似的事件视角有所不同。如明代冯梦龙编撰的《情史》中有个"独腕尼"的故事，说柳氏的丈夫沙场战死，尸首无回，柳氏收拾了丈夫的衣物葬了，多次想自杀殉夫，但都被家人察觉，没能成功。一个富豪子弟仰慕其美貌，来追求她，但她不答应。她的小姑贪别人的钱财，就暗暗答应了富豪子弟。等到迎亲那天，柳氏坚决不上轿，富豪子弟就拉她手使她进轿，柳氏假装说让别人先等着，她再去换换衣服。结果柳氏跪下来对着天说:"我实在是个不幸的人! 丈夫死了,我的手腕也被人玷污了!"于是拿刀砍断自己的手腕。富豪子弟吓得连忙跑了。柳氏从此就做了尼姑。可以发现,这也是个遵守"男女授受不亲"的故事,不过冯梦龙是从宣扬夫妇两情不渝的角度宣扬这个故事的,柳氏可能实在不喜欢这个富豪子弟,不想嫁作他人妇。故事中的小姑因贪慕钱财而送嫂子出嫁,说明明代人并不觉得寡妇不能出嫁,明代刻板的贞节观念还没有那么严格。明代戏曲如沈采《千金记》中说:"多谢客官。自古道'男女授受不亲',待奴家放在地下,客官自取。"对"男女授受不亲"也还是在礼的层面上说的,比较温和。戏曲承载着下层普通老百姓日常接受的教化与伦理思想,可见这种潜移默化的思想在下层群众中的约束力并不是非常严酷。

到了《明史》中记载的事情就不同了。《明史》中记载一位妇人成氏,发洪水的时候逃到屋顶上,看见家人中有来不及穿衣服的,就拒不与赤裸身体的人在一起,下楼回到自己屋子,结果最后被淹死。

《明史》中还记载了一个更离奇的事情,一位姓陈的节妇,很早就做了寡妇,无儿无女,孑然一身。回到父母家,为了守节,吃喝拉撒都在小楼之上,三十年没有下过楼。临终的时候,对她的婢女说:"我死后,一定不要让男子碰我!"家人没有在乎她的话,让男子上楼将她抬下来举办丧事。她已经气绝,但突然坐起来说:"开始我说过什么话你们不知道吗,怎么会让你们男人上来?"家人非常恐怖,吓得都跑了下来。将"男女授受不亲"固执地坚守到这种程度,的确是骇人听闻!

明代末年流寇四起,一位柴氏女子和丈夫一起到山中避贼,不幸被流寇抓住。贼兵看柴氏年轻美貌,一个人上前捏了捏她的手,这位柴氏立刻用牙将被捏过的肉咬掉,另外一个贼兵又摸了一下柴氏的胳膊,柴氏又一口咬掉了胳膊上的那块肉,结果柴氏和丈夫都被贼兵活活砍死。将"男女授受不亲"发展到死板地严守男女之大防,而危害到自己身体与生命,的确是一种悲哀。

可以发现,据这些对明代事件的记载,这种僵化了的"男女授受不亲"影响已经非常大。表面看起来,明代是一个这样禁锢女性的时代。但需要注意的是,这些对精神上似乎有些变态的女性的记载是清代人做的,因为《明史》是清人所撰。清代官方为了宣扬这种守节观念,故意记载了明代大量的这类变态事件。

孟子说"男女授受不亲"固然是礼,但"嫂溺,援之以手者",为了挽救人的生命,权做变通,贯彻"仁者爱人"的最高道德。但这些极端的事例却因固守僵化的教条而使人的生命变得没有丝毫价值,曲解了圣人的本意。圣人若看到当初为了使社会更亲和有序的礼乐制度如今变成了杀人的礼教,该如何感慨!

二 人而无信,不知其可

"人而无信,不知其可也"是大家耳熟能详的一句话。这句话的出处是《论语·为政》:"子曰:'人而无信,不知其可也。大车无輗,小车无軏,其何以行之哉?'"孔子为了说明"作为一个人,却不讲信用"为什么"不可以",用了一个比喻——他说这正像"大车没有輗,小车没有軏"。古代用牛拉的车叫大车,用马拉的车叫小车。两车都要把牲口套在车辕上。车辕前面有一道横木,就是驾牲口的地方。那横木,大车上的叫鬲,小车上的叫衡。鬲、衡两头都有关键,輗就是鬲的关键,軏则是衡的关键。大车小车没有这两件东西，套不住牲口，又怎么能走得动呢？“信用”正是如此，它是我们立足于世的关键。

“信”也是儒家“五常”——“仁义礼智信”之一，它与其它四常一起构成了我们为人处世的根本准则。

施德操《北窗炙粿录》中有一则陶四翁经商的故事。陶四翁开了一家染布铺子。有一天，有人来卖染布用的原料紫草，他就花大价钱买了下来。几天后，有个买布商人来到铺子里，见到那批紫草便对四翁说：“这都是假货。”四翁感到疑惑，那人解释道：“它们的色泽其实是染上去的，你把它们拿去一蒸就能看见掉色的现象。”四翁一试，果然如此。商人却说：“别担心，我替你再卖给小的染布铺子就是了。”第二天商人来取紫草，四翁却把它们当着他的面全部烧掉。他说：“我自已被骗就算了，怎么还能再去骗别人呢？”当时陶四翁家产还很微薄，后来慢慢致富昌盛起来，因为教育有方，几代子孙中也有不少金榜题名的。陶四翁的诚信是他之所以能成功的重要因素。

历史上还有“得黄金百千，不如得季布一诺”的说法。季布的故事见于《史记·季布栾布列传》。《史记》中并没有过多记载季布如何“君子一诺，驷马难追”，但是我们可以看到季布守信的结果。季布是楚地人，为人好逞意气，爱打抱不平，在楚地很有名气。项羽派他率领军队，他曾屡次使汉王刘邦受到困窘。等到项羽被灭以后，刘邦出千金悬赏捉拿季布，并下令有胆敢窝藏季布的论罪要灭三族。这样严酷的“连坐”早该使季布处处被人举报而死路一条了，可是事实正相反。季布躲藏在濮阳一户姓周的人家。周家说：“汉王朝悬赏捉拿你，追踪搜查的人就要到我家了，将军您能够听从我的话，我才敢给您献个计策；如果不能，我情愿先自杀。”季布答应了他。周家便把季布的头发剃掉，用铁箍束住他的脖子，穿上粗布衣服，把他放在运货的大车里，将他和周家的几十个奴仆一同卖给鲁地的朱家。朱家心里知道是季布，便买了下来安置在田地里耕作。接着朱家乘车到洛阳去拜见汝阴侯滕公。朱家对滕公说：“季布犯了什么大罪，皇上追捕他这么急迫？”滕公说：“季布多次替项羽窘迫皇上，皇上怨恨他，所以一定要抓到他才干休。”朱家却认为：“做臣下的各受自己的主上差遣。季布受项羽差遣，这完全是职分内的事。项羽的臣下难道可以全都杀死吗？现在皇上刚刚夺得天下，仅仅凭着个人的怨恨去追捕一个人，不是向天下人显示自己器量狭小吗？再说凭着季布的贤能，汉王朝追捕又如此急迫，这样，他不是向北逃到匈奴去，就是要向南逃到越地去。这种忌恨勇士而去资助敌国的举动，就是伍子胥所以要鞭打楚平王尸体的原因了。您为什么不寻找机会向皇上说明呢？”汝阴侯滕公知道朱家是位大侠客，猜想季布一定躲藏在他那里，便答应说：“好。”滕公等待机会，果真按照朱家的意思向皇上奏明。皇上于是赦免了季布。遇上一位贵人也许是季布一时的幸运，可是我们发现，无论亲疏，无论是否真的从他那儿得到过宝贵的“季布一诺”，人人都愿意包庇他，替他求情说理，希望保住他这位贤才。其实，正是他日积月累的诚信成了他关键时刻的通行证。

季布除了在人际交往时做到言出必行，遵守了小的诺言；还为项羽恪尽职守，遵守了政治层面上一种大的诺言，即身为臣子要本本分分地尽职尽责。可是古往今来，遵守小诺言容易，遵守大诺言难。《论语·八佾》有“八佾舞于庭，是可忍也，孰不可忍也？”这就是孔子在批评季氏身为人臣却违背大诺。古代讲究

"礼乐制度",不同场合,不同身份的人,礼仪有别。舞蹈奏乐时,八个人为一行,一行叫一佾。八佾是八行,共六十四人,只有天子才能用。诸侯用六佾,大夫用四佾。季氏上有天子和鲁公,只当用四佾,用八佾就是违背了大诺。

然而,只遵守对他者的诺言还不是完备的"信","信"还有一层在于"慎独"。有些诺言是对自己许下的,立下的时候不声不响,打破的时候似乎也可以神不知鬼不觉了。很多人便抱着这种无所谓的态度,自己失信于自己。可是,当一个人连自己都不尊重时,不是更"不知其可也"吗?东汉太尉杨震以坚持做一位"清白吏"要求自己,《后汉书》中记载,有一次他到郡赴任时经过昌邑,以前他推荐的秀才王密正是昌邑县令,王密在夜里怀揣着十斤金子来拜见他。杨震委婉地拒绝道:"老朋友我了解你,你却不了解老朋友,为什么呢?"谁知王密还坚持:"现在是夜里,没人会知道的。"杨震终于忍无可忍地斥道:"天知道,神知道,我知道,你知道。怎么能说没人知道!"王密听后羞愧地离开了。杨震一生始终公正廉洁,不肯接受私人的拜见。子孙常常吃素食,出门都要步行。和他有老交情的长者叮嘱他为子孙置办产业,他也不肯,说:"让后世子孙被人称作是清白官吏的子孙,把这个作为'产业'送给他们,不也很丰厚吗?"杨震就是这样用一生践行着对自己的承诺的。

在"五常"中,"仁"即爱人,是最高准则。评判"信"的实现与否要在"仁"的前提下进行。孔子说"君子贞而不谅"(《论语·卫灵公》)。"言行抱一谓之贞",是谓大信;"谅"犹"固执",谓之小信。大信是总的准则,应该优先遵守。我们前面谈到,臣要为君竭诚。可是历史上管仲曾是公子纠的臣子,齐桓公害死公子纠,管仲非但没有自杀以殉，还做了齐桓公的宰相，难怪《论语·宪问》中子贡要问："管仲该是没有仁德的吧?"可是，我们看，孔子却回应道："齐桓公多次主持诸侯间的盟会，停止了战争，这都是管仲的力量。这就是管仲的仁德。"后面又说："管仲辅佐桓公，称霸诸侯，使天下一切得到匡正，人民到今天还可以享受到他带来的好处。没有管仲，我们都会披散着头发，衣襟向左边开，沦为落后民族。他难道要像普通老百姓一样，守着小节小信，在山沟中自杀，还没有人知道吗?"管仲失了小信，却是出于一份大爱，他并没有违背"仁"，而是做到了"贞而不谅"。

《庄子·盗跖》中还有"尾生抱柱"这样一则凄美的故事。相传有一个叫尾生的青年，与一位美丽的姑娘相约于桥下会面。姑娘一直没来，尾生就苦苦守候。后来发了大水，尾生为了不失约，水涨到桥面了仍抱着柱子，最终死于桥下。尾生确实守了小信，但是他却没有遵守大信，违背了最基本的准则——"仁"，因为他首先就没有爱自己，没有珍惜自己的生命。

管仲像(摘自郭磬、廖东编《中国历代人物像传》，济南：齐鲁书社，2002年)

《世说新语》记载陈太丘和朋友相约同行，约定的时间是正午。过了正午朋友还没有到，陈太丘便不再等候他而离开了。朋友在他离开后才到，见陈太丘的儿子元方在门外嬉戏便问："你的父亲在吗?"元方回答道："我父亲等了您很久您却没有到，已经离开了。"这位朋友非但不羞愧，竟然还气势汹汹地骂："真不是人啊！和别人相约同行，却丢下别人先离开了。”元方马上反驳道：“您与我父亲约在正午，正午您没到，就是不讲信用；对着我骂我父亲，就是没有礼节。”友人一听，感到很惭愧。元方也是用了“仁”来反驳这位父亲的友人，他失信在先，违礼在后，不懂得尊重人更不会懂得爱人。

“人而无信”在古时即为君子所不齿。那时，孔子驾着木车，传教四方。现在，这架木车是否已经无輗无軏，支离破碎了呢？

三　杀身成仁

“杀身成仁”一词出自《论语·卫灵公》：“志士仁人，无求生以害仁，有杀身以成仁。”从字面上去理解的话：“杀身”指的是牺牲自己的性命，“成仁”则是成全、保存仁义之道。孔子这句话的意思是：有志之士和仁慈之人，绝不为了自己活命而做出损害仁义的事情，而是宁可牺牲自己也要恪守仁义的原则。

“仁”是以孔孟为代表的儒家学说的核心内容，始见于《尚书·金滕》：“予仁若考。”意为良好的道德。孔子将“仁”作为儒家最高的道德规范，提出“仁”的核心是“爱人”——“仁”字二人并立，亦即人们互相依存、互相帮助之意。从一开始，牺牲自我以成就仁义的信念就是和儒家礼教思想紧密联系在一起的。而后，孟子进一步阐释了“仁”的内涵，提出了“仁政”思想，将之推广到政治领域。

古语有言“孔曰成仁，孟曰取义”，又常将“杀身成仁”与“舍生取义”并提。“舍生取义”语见《孟子·鱼我所欲章》：“生，亦我所欲也；义，亦我所欲也。二者不可得兼，舍生而取义者也。”这里的“取义”包括了遵行道义、信守承诺等品质。而“成仁”则意味着以一人之死换取另一人乃至更多人之安乐，有包容天下的气魄在其中。二者语义本不相同。孔颖达《论语正义》中就说：“仁是施恩及物，义是裁断合宜。”后世“仁”、“义”之间的差别则逐渐淡化，“仁义”逐渐被抽象为儒家对“修身、齐家”以实现自我精神人格的完满，和“治国、平天下”以实现现世价值这两者的追求。

然而，我们也许会问，既然“仁”本身有“爱人”的思想，为何要采取“杀身”这种手段去实现“仁”？这样的代价值得吗？

大多数情况下精神价值高于生命价值，这是诸侯并立、不义战争频频发生的战国时代相当普遍的生命态度。遍观与孔孟同时代的诸子百家学说，我们不难发现与“杀身成仁”类似的说法，譬如墨子就对其追随者提出了“不爱其躯，赴士之困厄”的要求，宁可付出肉体的代价以实现“兼爱”、“非攻”理想。而在儒家，这种死亡观念更加明确。荀子等儒家代表人物都不约而同地在其著作中表达过以死换取仁义的观点。

生命在儒家伦理体系中占据着独特地位。一方面，以“仁”为首的儒家道德价值相对于生命价值处在支配的位置。《礼记·檀弓上》中记载了曾子临终时说的一段话：“吾何求哉？君得正而毙焉，斯已矣。”用今天的话来说就是：我在得到了正道之后才丧命，这就足够了。我还有什么可求的呢？“正道”就是象征儒家最高道德准则的仁义之道。“得正而死”正说明与仁义相比，个体的生命处在次要的地位。孟子以“鱼与熊掌”作比，又举了“行道之人”宁愿饿死也不接受施舍的“箪食豆羹”为例，也表明了在面临生命与道义的选择时，道义才是应该首先考虑的因素。

曾子像（摘自申仁编《故宫旧藏珍宝欣赏》，上海：上海科学技术出版社，2000年）

另一方面，孔孟并非彻底地对生命抱轻视的态度。如果仔细分析《论语·卫灵公》那段文字，我们不难看出：孔子提出“杀身成仁”，实际上是提出了一个选择关系——在“求生害仁”与“杀身成仁”间，我们应该选择的是后者。而且紧接在这段话之后，夫子就进一步明确了“仁”的另一个实现途径：“子贡问为仁。子曰：‘工欲善其事，必先利其器。居是邦也，事其大夫之贤者，友其士之仁者。’”这里，子贡向夫子问的是“为仁”，亦即“如何实现‘仁’”。孔子则用一个“善事必先利器”的比喻来引出：要实现仁义，应该在贤能的官员手下做事，与其他仁德之士结交。这说明，孔子的“仁”可以有不同的实现手段，“杀身”是众多实现“仁”的途径中最极端的一种。事实上，孔子提出的“仁”的实现手段有三：第一是推行“忠恕之道”，亦即体察他人，宽容他人，“己欲立而立人，己欲达而达人”；第二是施行礼治。孔子说过“仁即克己复礼”，就是说要通过克制自己的欲望，规范自己的行为使之符合礼制来达到“仁”的要求；第三个才是“杀身成仁”。《论语·泰伯》中有“仁以为己任，不亦重乎？死而后已，不亦远乎？”之语，正表明了“死”作为终极手段的地位——死意味着践行仁义这一“重任”的彻底完成。

纵观我国从古到今难以计数的“杀身成仁”践行者，不外乎两种——一种是忠臣，另一种是志士。

为臣之“死节”，很可能是“杀身成仁”上升为系统化要求的最早体现。忠臣其中名留青史者，孔子时代，有比干、箕子、微子等。春秋战国时代以前就已经享有盛名的这些忠臣，很有可能就是孔孟提出“杀身成仁”、“舍生取义”思想的直接现实模范。然而，“杀身成仁”思想真正开始影响孔孟之后忠臣群体的观念是在什么时候，历史上少有明确查证。宋代秦观《李固论》中有较为明确的时间记载，可供参考：“东汉自光武不任功臣，锐意文士。其取人也，先经术，所以朝多名臣，则伏节死义者众。……梁冀擅命，固与杜乔以死抗之。而天下靡然以杀身成仁为俗矣。”按照秦说，“杀身成仁”得到大范围认可和效仿，应该自汉光武帝时始。到明清后世，这种观念已经与社会的“忠君”纲常紧密地联系在一起了。明代金石学家赵均《三忠祠记》中有言：

> 大丈夫者，英雄挺生于当代，而威风振拔于古今；功业特立于一时，而声名激烈于千载。至于杀身成仁、舍生取义、见危授命，非至忠者不能也。

能够做到“杀身成仁”，在统治者眼中成了“至忠”的表现。这揭示出了儒家仁义之道在维护历代统治上的重要作用。

较之忠臣，志士之“杀身成仁”含义更加丰富，其中包含的内容也更加多变。“仁”不再只是忠臣的“死节”了，而是加入了个人情操、人际关系准则甚至是宗教思想等内容。东汉末孔融《汝颍优劣论》一文，记载了当时汝南人李洪的事迹。李洪曾担任太尉之职，一次他弟弟杀了人，按刑律应当判处死罪。他亲自上书请求代替弟弟领死，并且立即喝下了毒酒死去，保全了弟弟的性命。文中盛赞“颍川士虽尚节义，未有能杀身成仁如洪者也”。这是舍弃生命保全亲人并因此获得仁名的例子。我们熟知的维新变法领袖谭嗣同，在他的著作《仁学》中提出了效仿佛家“普度众生”行为，用舍生取义等方式削弱保守势力，换取民主自由的“任侠”思想，将佛法渗透到其仁学理论之中。戊戌变法失败后，他拒绝出逃，被捕就义，亲身实践了“杀身成仁”的理想。这不仅让“仁”完全摆脱了依附统治的传统，也极大地扩充了其内涵，让“舍生取义”成为一种坚定追求高尚理想和事业的光辉人格品质。

从古到今，“杀身成仁”的理念经历了数次演变与扩充。对其思想中消极愚昧的一面当然应该清醒地认识并加以摈弃，但无论是为了维护统治阶级的纲常伦理，还是追求民主科学的进步理想，它所蕴含的深刻斗争性和献身性都已经深深渗透到中华民族的道德和生命价值观之中，强有力地塑造了华夏儿女的挺拔的脊梁。

四　孝为先

孝道是中国传统道德的基石之一，有学者认为，《孝经》甚至可以与儒家的万世经典《论语》相提并论。清代的王永彬在《围炉夜话》里提出“百善孝为先”，将“孝”置为各种品德之首。那么，为什么“孝”在中华民族传统道德观念有如此重要的地位呢？

《孝经》里记载孔子说：“夫孝，德之本也，教之所由生也。”孔子将“孝”说成是德之根本，而不仅是“为先”，足见孝的地位之高。不过，“孝”的含义并非从古至今一成不变，而是经过了漫长的演变过程才逐渐发展为今天特指“晚辈对父母尽心奉养并顺从”的含义。

在商周时期，“孝”更多地包含了祭天敬祖的含义。《诗经·周颂》里说：“於乎皇考，永世克孝。念兹皇祖，陟降庭止。维予小子，夙夜敬止。”用现在的话说就是“感叹先父真伟大，终生尽孝有高风。念我先祖兴大业，任贤黜佞国运隆。我今年幼已即位，日夜勤政求成功”。诗人在诉说追念父亲之情时，还具有追述先辈功绩以及祈愿先辈保佑的意味在里面。在那时，“孝”的观念是寄托在祭祖的宗教仪式中。周人认为，先祖之灵在神灵左右，是沟通神灵与人间的信使，通过祭祀先祖可以得到神灵保佑。此外，周人在祭祀先祖时可以追溯其先人艰难创业的过程，对于后人具有勉励与感召的作用，如《祭义》里谈道：“筑为宫室，设为宗祧，以别亲疏远近，教民反古复始，不忘其所由生也。”

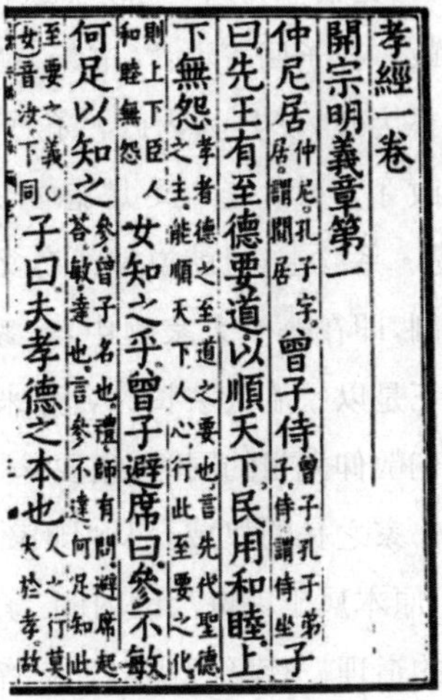
孝經一卷
開宗明義章第一
仲尼居仲尼孔子字居謂閒居曾子侍曾子孔子弟子侍謂侍坐
曰先王有至德要道以順天下民用和睦上
下無怨孝者德之至道之要也言先代聖德之主能順天下人心行此至要之化
則上下臣人和睦無怨女知之乎曾子避席曰參不敏
何足以知之參曾子名也禮師有問避席起答敏達也言參不達何足知此
至要之義女音汝下同子曰夫孝德之本也人之行莫大於孝故

《孝经》书影（摘自《四部丛刊》本）

在生产力相对落后的古代，生儿育女传宗接代是头等大事。《诗经·大雅》里提道：“威仪孔时，君子有孝子，孝子不匮，永锡尔类。”君子的后代永远不会断绝，祖宗的在天之灵保佑其家族人丁兴旺，儿孙满堂，子子孙孙无穷尽也。因此孟子也宣称：“不孝有三，无后为大。”在这里，孝除了祭天敬祖外又加上了祈求子孙繁衍不断的寓意。

《论语·为政》记载了这样一件事，有人问孔子为什么不去从政。孔子回答说："《书》云：'孝乎惟孝，友于兄弟。'施于有政，是亦为政，奚其为为政？"孔子认为，只要做到孝友之道，就是在为政了。"孝道"又是怎样与治国之道联系在一起的呢？《易·系辞上》里就说道："有父子然后有君臣。"中国古代实行宗法制，即在一个大家庭中，一家之长掌握权力，而古代的君主最初正是以宗族大家长的名分来行使自己的政治权力。孝在要求人们敬仰先祖的同时，也要求人们服从先祖的正统继承人，也就是一家之长的权威。从"国家"这个词语中也可以看出，国即是家，原本属于家庭范围内的"孝"于是走出了家门，成为了治国安邦的道理。《孝经》里对此总结道："子曰：'君子之事亲孝，故忠可移于君；事兄悌，故顺可移于长；居家理，故治可移于官。"即是说，君子在家里做到孝顺父母，那么也就可以做到忠君爱国、治理天下了。在《论语·学而》中也有类似的话："有子曰：'其为人也孝弟，而好犯上者鲜矣！不好犯上，而好作乱者，未之有也。"在有子看来，只要人们做到了孝悌，就不会犯上，更不会作乱了。对于古代帝王来说，如果人民在家中做到尊敬父母，在社会中必然就会成为一个温顺服从的人，对自己的统治是极有好处的，于是古代帝王就十分积极地宣扬孝道，在提高人民道德修养的同时也是在巩固自身的统治地位。

汉武帝时期曾推行孝廉制度，汉武帝采纳董仲舒的建议下诏郡国每年察举孝者、廉者各一人，即各州县要推举当地孝子以及清廉之人做官，这项制度更是成为了汉朝察举制中最为重要的科目。《晋书》中记载了这样一个故事：三国时期，一个叫李密的孩子从小丧父，母亲改嫁，与老祖母相依为命。老祖母身体不好，常常生病，于是李密为了方便起身照顾老祖母，睡觉时从不解衣，在喂老祖母汤药前自己必先尝一尝。当地官吏听说他的孝行，便举他为孝廉当官。后来蜀国灭亡，晋朝的皇帝听闻他的德行，下诏请身为蜀国旧臣的李密出山做官。李密却以老祖母年事已高需要照顾，婉拒了皇帝的邀请，并写了一封感人的《陈情表》上达皇帝说明自己的缘由。皇帝看后不但不生气，还感叹李密果然名不虚传，便答应了李密的请求。统治者对于“孝”的重视可见一斑。

不过，凡事是公平的，在要求人们遵循孝道忠君爱国的同时，君主们也必须做到像父亲爱护子女一样爱护人民，否则就会被推翻。《孝经》中专门划分篇章教导统治者们如何做到这一点，《诸侯章第三》中就教育诸侯们“在上不骄，高而不危。制节谨度，满而不溢”。要像《诗经》里说的“战战兢兢，如临深渊，如履薄冰”，这样就能够“长守富、保社稷”。所以孝不仅是儿对父、民对君应该做的，父对儿、君对臣同样要有义务。如此一来，“孝”成为了百德之首，成为了维系社会稳定与政治统治的重要纽带。

孝除了跟人事、政治有关，还跟天道联系在一起。古人认为，做到了“孝”就是顺应天道，就会得到上天保佑。《孝经》中提到，孔子说：“夫孝，天之经也，地之义也，民之行也。天地之经，而民是则之，则天之明，因地之利，以顺天下。”将孝提到了天经地义的层面，认为人民只要将孝作为法则，天下就可以安定了。《史记》中关于舜帝的记载就是很好的例子。舜二十岁时就已孝行闻名了。舜的母亲早死，父亲瞽叟喜欢后妻的儿子象，想把舜杀死。瞽叟让舜爬上去涂廪，瞽叟从下面纵火烧廪。舜用两笠从廪上面滑落下来,没被烧死。后来瞽叟又让舜去掏井,舜在井壁上挖了一个洞。舜下去很深时,瞽叟与象一起往井里填土,想活埋了舜,舜就从井壁上的洞逃走了。舜出来后对瞽叟与弟弟更加谨慎地守护。尧老的时候,问手下大臣谁能继承帝位。岳说:舜可以。尧说自己也听说过他,这个人到底怎么样?岳回答:"父顽,母嚚,弟傲,能和以孝,烝烝治,不至奸。""孝"是岳推荐舜的重要原因之一。尧把自己的两个女儿嫁给舜,想从两个女儿身上观察舜的德行。两个女儿嫁给舜之后,更加彬彬有礼。尧让舜做各种官职,舜把事务都处理的井井有条。尧认为舜符合天意,就将帝位禅让给他。在古代,人们相信"孝道"是天道在人世间的投影,遵循孝道就是遵循天道,就会得到上天的庇护。"孝"于是便从单纯的道德范畴迈向了政治领域,最后更上升到了天道的层面。

孝道不仅要求人们在父母在世时孝敬他们,在父母去世后也要同样怀有孝道。《论语·为政》里就谈到,孟懿子向孔子询问什么是孝,孔子回答"无违"。孔子的学生樊迟就问"无违"是什么意思,孔子解释道:"生,事之以礼;死,葬之以礼,祭之以礼。"即父母的丧葬也要遵循礼节,这才能称得上孝。《论语》中还有一个故事,孔子的学生宰予认为父母死后要守孝三年的规矩实在是太久,孔夫子听闻后大怒道:"予之不仁也,子生三年,然后免于父母之怀,夫三年之丧,天下之通丧也。予也有三年之爱于其父母乎!"意思就是说,宰予这个人真是不仁呀,孩子出生后要过三年才能离开父母的怀抱。为父母守孝三年,是天下通行的守孝礼节。你宰予难道没有得到父母亲三年怀抱的爱护吗?

既然“孝”的观念如此重要，就不难明白为什么历代许多皇帝愿意亲自为《孝经》作序、亲自撰写劝孝文了。在官方的鼓励以及儒家经典的教化下，历朝历代涌现出了许多感人的孝子故事。如刘向《说苑》中记载春秋时的儒士、孔子的弟子闵子骞早年丧母，经常被后母欺负。冬天寒冷时，后母为自己两个孩子做的衣服又厚又暖，而闵子骞的衣服却很单薄。闵子骞的父亲发现后十分生气，想要赶走后妻，但闵子骞却对父亲说：“母在一子寒，母去三子单。”父亲听后便打消了这个念头，而后母也明白了自己的错误，从今往后对待三个孩子一视同仁，一家人于是更加和睦。在《论语》中，孔子就曾称赞说：“孝哉闵子骞！人不间于其父母昆弟之言。”

诚然，孝道固然可贵，但是死守孝道不知变通就会走向愚孝。《荀子》中记载孔子对学生子贡说：“子从父，奚子孝？臣从君，奚臣贞？审其所以从之之谓孝、之谓贞也。”可见，孔子虽然积极提倡孝道，但是他也认为判断人是否忠孝需要看是在什么情况下从命。然而，后代有些人却为了固守孝道而不辨是非。《二十四孝图》中就有郭巨“埋儿奉母”的故事，一个叫郭巨的人因为家境贫寒，为了能节省粮食奉养母亲，他宁可把刚出生的孩子给埋掉。然而在他挖坑时挖出一坛金子，才保全了孩子的生命。这样不加辨别的愚孝，当然不值得提倡。

如今，“孝”早已剥去了帝王为巩固统治而被强加上的神化外衣，然而我们仍需始终牢记父母对我们的养育之恩，继承“孝道”中的精华部分，继续发扬“孝”这一中华民族的优良传统。

五　见利不忘义

中国有个成语叫“见利忘义”，出自《汉书》：“天下以郦寄为卖友。夫卖友者，谓见利而忘义也。”意思是天下的人认为郦寄是个出卖朋友的人，出卖朋友，就是见利忘义。

事情是这样的：汉高祖死后，吕后专权，对自己家族的人封王封侯，排斥异己，诛杀功臣。吕后死时，在遗诏中指定内侄吕产为相国，吕禄统领京都禁卫军。吕氏家族掌握朝廷大权，激起一批功臣不满，太尉周勃与丞相陈平密议对策。他们把吕党的要人郦寄争取了过来，再由郦寄去说服吕禄，把兵权还给周勃。此时大将军灌婴联合齐王刘襄回京师，欲诛吕氏家族。郦寄与吕禄本是知交，吕禄听了郦寄的话，就把北军归周勃指挥。前相国曹参的儿子又配合朱虚侯刘章控制了南军，在未央宫杀死了吕产，之后吕氏大官都被周勃派人抓获，一一斩首。在诛吕这场斗争中，郦寄起了很重要的作用，所以袭父爵为曲周侯。但天下有舆论说他出卖朋友。不过《汉书》的作者班固认为，郦寄“虽催吕禄，以安社稷，谊存君亲”，是为了大义，根本不是“见利忘义”。

其实，关于“利”与“义”的关系，之前诸子百家争鸣时已经阐述得非常精到。

在诸子百家之时，儒家建立了以“仁”为中心的价值观，孔子说：“君子喻于义，小人喻于利。”孟子去见魏国的国君，国君问他：“你不远千里而来，是不是将有什么有利于我国？”孟子回答说：“王何必曰利？亦有仁义而已矣。”如果王问“何以利吾国”，大夫问“何以利吾家”，士、庶人都考虑“何以利吾身”，这样上下都只想争利，国家就危险了。《孟子》开篇第一章就是这段问答，很容易让人误以为孟子是只讲"义"不讲"利"，儒家强调"义"高于"利"，并不是不讲"利"，孟子就说过："有恒产者有恒心，无恒产者无恒心。""利"是不能被排除出"义"的。

墨家着重提出"利"的重要性。墨家提倡"兼爱"，强调"爱人"不能离开"利人"，主张把"兼相爱"和"交相利"结合起来。墨子说："今吾本原兼之所生，天下之大利者也；吾本原别之所生，天下之大害者也。""兼"就是既考虑自己，又考虑别人，"别"就是只考虑自己，不考虑别人。依墨子"我所爱，兼而爱之；我所利，兼而利之"的观点，如果每个人既爱利自己，又爱利别人，那么除了自我爱利之外，还会得到别人的爱利，这就是最大限度地实现了自己的利益。如果大家都是这样的话，就是"兼相爱，交相利"，反之，就是"别相恶，交相贼"。墨子又说："仁人之事者，必务求兴天下之利，除天下之害。"所以墨子所讲的"利"并不是一人一己之私利，而是国家、百姓之利。在墨子看来，"夫义，天下之大器也"。"义"作为天下之根本，作为天下之良宝，"可以利民也。夫义可以利人，故曰：义，天下之良宝也"。墨子认为既然"义"是根本，它就必然可以利民、利人。天下之义与天下之利是一致的。墨子甚至说："义，利也。"天下之公利就是义。《墨子》中记载一个故事说，墨子让弟子公尚过前往越国，公尚过游说了越王，越王大喜，对公尚过说，如果能让墨子来越国教导我，我就把我占领的以前吴国之地五百里封给墨子。公尚过答应了。越王为公尚过准备了五十乘车，从鲁国迎接墨子。公尚过告诉墨子："我用先生教我的道理去游说越王，越王很高兴，如果先生能去越国，越王答应封五百里地。"墨子对公尚过说："你观察了越王是什么志向？如果越王将听我的话，用我的道治国，那我就去。只需要吃的能填饱肚子，穿的够全身衣服，我像他的群臣一样，怎么能单独封我呢！如果越王不听我的话，不用我的道，而我还去的话，就是我用义去换取的利。同样是以义换取利，在中央之国就可以，何必跑到越国呢！”可见，墨子坚持自己的道义，其与个人的利禄发生冲突时，舍利从义。这样，墨子的天下公义就与不义之利区分开来。墨子理想中的社会是个合乎“义”的公平社会，然而现实状况恰恰相反。《墨子》中，墨子探望一位老朋友，老朋友对墨子说：“现在天下没有人在行义，你却偏偏受苦要去做，你不如停止吧。”墨子回答：“假如现在这里有一个人，他有十个儿子，只有一个儿子耕种，九个都闲着，那么，从事耕种的那个儿子就更不能不加紧干活了。什么原因呢？就是吃饭的人多而耕种的人少。现在天下没有谁去推行义，你应该鼓励我呀，为何要阻止呢？”可见，墨子强调的“利”仍是理想的状况。

《墨子》书影（摘自灵岩山馆刊本）

法家的韩非子则强调“上下之利”、“君臣之利”、“公利私便”之分，强调统治阶级要明于公私义利之分，举公而不纵私。《韩非子》中有个故事，公仪休在鲁国做相，他本人喜欢吃鱼，全国人都争相买鱼献给他，但他不接受。他弟弟劝谏他说:“你喜欢吃鱼为什么不接受别人的鱼呢?”他回答:“因为我喜欢吃鱼,所以不能接受鱼。如果我接受了鱼,吃别人东西嘴短,必定得看别人脸色,如果看别人脸色,就会枉法,枉法了我就会被罢官。虽然喜欢吃鱼,到时必定不能自己买鱼吃了。如果不接受这些送来的鱼,我的官位保住了,即使不接受别人的鱼,我也能自己买得起。”韩非子说:“匹夫有私便,人主有公利。”就是说一般老百姓有私利,但统治者必须是为天下之利。“私义行则乱,公义行则治,故公私有分。”如果社会上私义大行其道,则这个社会就会混乱,如果是推行公义,则社会稳定有秩序,所以公与私要区分清楚。韩非子认为,追求义与利都是人之本性。一方面,君臣上下不同,父子贵贱有差别,知交朋友相互帮助,亲疏内外有区分,这都是“义”。“臣事君宜,下怀上宜,子事父宜,贱敬贵宜,知交朋友之相助也宜,亲者内而疏者外宜。义者,谓其宜也,宜而为之。”臣下合宜地辅助君王,儿子合宜地侍奉父亲,贫贱的人合宜地对待富贵之人,知心朋友合宜地对待对方,对内亲密对外疏远都要合宜。这个“义”也就是合宜的意思。另一方面,韩非子也提出,因为人总是“不免于欲利之心”,所以,“利者,所以得民也”,“利之所在,民归之”。巧妙地用私利诱导,方便统治天下的百姓。

不管儒家、墨家、法家在义利问题上有多大的差别,但他们都强调“利”是与“义”相辅相成的。要做到见利而不忘义。如果见利忘义,往往受到人们指责,落得不好的下场。《三国演义》中,吕布开始侍奉丁原,杀得董卓大败,董卓苦恼之际,帐下的李肃跟董卓说:“某与吕布同乡,知其勇而无谋,见利忘义。某凭三寸不烂之舌,说吕布拱手来降。”李肃带着董卓的黄金一千两、明珠数十颗、玉带一条与赤兔马找吕布，吕布果然杀了丁原而投靠了董卓。当然，董卓不是什么善良之辈，这个“见利忘义”的吕布在王允的连环计下又杀了董卓。吕布两番见利忘义，最后却落得落拓无依、兵败身死的下场。

如今的社会，资本在全世界横行无阻，金钱带来的私利时时刻刻引诱着人们。如果不懂“利”与“义”之间的关系，一味地追逐私利，无视公利与义，难免不会身败名裂。

六　知耻

《诗经·相鼠》有云：“相鼠有皮，人而无仪！人而无仪，不死何为？”意思是看那老鼠有张皮，却见有人没威仪。却见有人没威仪，为何还活不倒毙！中国传统文化中对“耻”的论述很多，从古老的《诗经》开始，中国人就鲜明地树立了“知耻”的观念，不知廉耻的人被视作连相鼠也不如。这个观念影响了几千年来中国人做人的准则。

明确地用“知耻”一词的是孔子。《礼记·中庸》中，子曰：“知耻近乎勇。”意思是知道羞耻的人可以接近勇敢的品质了。说的是人知道羞耻并勇于改过是一种值得推崇、夸耀的品质。这是孔子对知耻改过的人的这种行为的赞赏。知耻是改过向善，不断修正自我的前提，也是人之能否称为人的依据。正如孟子所言：“无羞恶之心，非人也。”知耻即是有羞恶之心，指人固有的羞耻憎恶之心态。《孟子·告子上》：

恻隐之心，人皆有之；羞恶之心，人皆有之；恭敬之心，人皆有之；是非之心，人皆有之。恻隐之心，仁也；羞恶之心,义也;恭敬之心,礼也;是非之心,智也。仁义礼智非由外铄我也,我固有之也。

孟子提出知耻羞恶是人本性中就固有的。因而,就算是强盗也有知耻羞恶之心,如明代熊大木《杨家府演义》第二回就说:"羞恶之心,人皆有之,某虽为盗,良心岂尽丧乎?"

那么,什么是"耻"呢?《论语》中说:"子思问耻。孔子曰:国有道,谷。国无道,耻也。"子思问什么是耻?孔子说:国家有道之时,官员应当领取俸禄;国家无道,官员无所作为还领取俸禄,就是耻。《宋史》记载的"陈自强老不知耻,贪不知止,私植党与,阴结门第,凡见诸行事,惟知侂胄,不知君父。此外患之居吾股肱者也",说的是宁宗年间官至右丞相的陈自强结党营私,败坏朝政。心中也没有君王之法,只顾着巴结当时独掌军政大权的韩侂胄。这个韩侂胄也不是什么好东西,由于担心朱熹的理学危害到他的地位,便下令禁止理学的发展,后被元朝人放入《宋史·奸臣传》中。元人修史时,不仅为这种败类身居高位而慨叹,同时也一针见血地点出了陈自强与韩侂胄这类人种种作恶的源头便是——"老不知耻",为了权力和地位玩弄权术,不仅祸害当时百姓,更为后人所不齿。

对于官员如此,对于普通百姓,什么是"耻"呢?《旧唐书》记载:"太宗皇帝削平乱迹,湔洗污风,唯思稼穑之艰,不以珠玑为宝。以是人知耻格,俗尚贞修,太平之基,率由兹道。"是说唐太宗平定天下之后,整改民风,一洗骄奢淫逸,让百姓都知道耕种的艰辛和粮食的来之不易,不以占有金银珠宝为荣耀。因此,百姓们都知耻,从风俗上都崇尚向上和正直的生活,国家于是太平

唐太宗像(摘自《中国历代名人画像谱》,福州:海峡文艺出版社,2003 年)

强盛起来。唐朝繁荣鼎盛,这与朝廷清明,宣扬知耻之心有关。

知耻之心可以引导人们正确的行为,知道自己做了不正确的事情,会有耻辱感,所以人会告诫自己不行恶。康有为就总结说:“人之有所不为,皆赖有耻心。”如《明史》中有个故事说:“金华富家女,少寡,得狂疾,至裸形野立。云视曰:‘是谓丧心。五针其心,心正必知耻。蔽之帐中,慰以好言释其愧,可不发。’乃令二人坚持,用凉水喷面,针之果愈。”说的是金华府治(今浙江省金华市),有一富裕人家的妇女,年纪很轻就死了丈夫,得了疯狂性的精神病,甚至赤身裸体站在野外。一位当时的名医凌云看了说:“这是因为悲痛丧失理智所致。我用针扎她的心,心病治好了,就必然知道羞耻了。将她隐蔽在帐子里,用好话安慰她,解释光着身子是羞愧的行为,就可以不再发病。”于是命令二人维持护理,用冷水喷她的脸,并扎针医治,果然痊愈。生了疯病的寡妇被治好了心病,恢复了羞耻之心,可见知耻之心对人们行为的影响。

“知耻”是儒家对个人与社会的要求与理想,遗憾的是有许多饱读诗书、身居高位的人,为了种种其他的东西,丢掉了骨子里的羞耻感。宋神宗时的宰相王安石身边有一个名为崔公度的人就是这样。崔公度有口吃病,不健谈,但头脑异常清醒聪明,读书过目不忘。他作的赋深得欧阳修、王安石、韩琦等名士的赏识。崔公度布衣出身,朝中无亲朋可依靠,于是专以顺附谄媚王安石为务,经常不分昼夜向王安石请安,即使在厕中相遇,也莫不诚惶诚恐。一次他尾随王安石之后,手执其衣带尾,王安石回头看到疑惑不解,崔公度却笑着说:“相公,您的衣带有点污垢,我已小心地用袍袖擦干净了。”见者无不耻笑,而他自己却不以为耻。在朝中做官,本应凭借自己的真才实学为天下苍生谋福祉,而不是谨小慎微一门心思巴结上级,把心智全都用到无微不至的对上级的关注之中,不惜降低自己的人格,去做一些贻笑大方的事。不理会众人的耻笑,自不知耻,就连相鼠也不如了。

不知耻到让人惊骇的是宋代吕祖谦《东莱博议》中记载的:“卫礼至行险侥幸而取其国,恬不知耻,反勒其功于铭,以章示后。”讲的是古代卫国人礼至,用阴险的手段篡夺了国家统治权,他竟不以此为耻,反以为荣,把篡权的经过刻在了金石上,从而遗臭万年。

不知耻的人因为他们的卑劣行径遗臭万年,而知耻而后勇,知耻而向善的人则和他们的功绩一起流芳百世。为人们所熟知的越王勾践,多年卧薪尝胆,知耻而后勇,一举歼灭吴国,终于仇报国复。这个故事曾激励过无数处在耻辱中痛苦的人们奋发拼搏。知耻不仅使一个人遵从内心的道德指引,自觉向更高的人生目标和境界奋斗,更可以带来好的后果。孔子所说的“知耻近乎勇”,人可以通过知耻达到勇敢智慧的境界;康有为所说的“人之有所不为,皆赖有耻心”,知耻引导人们的正确行为;南朝梁何逊的著作《七召》也说:“樵者目金而知耻,耕夫让畔以成仁。”宋朝曾巩《叙盗》说:“此谓养之既足,导之既明,则为盗者知耻而自新。”说的都是知耻之心的力量。

不过,当今的中国社会中有一股浊流,传销、诈骗大行其道,贪污、腐败、徇私枉法日益明目张胆,很多人丧失了知耻之心,仿佛能否"赚钱"成为了辨别行为正当的唯一标准,拥有金钱就拥有了逾越一切的特权。要知道,知耻之心作为中国传统的文化观念,在我们的胚胎中就植下,传承千年,融入血液。没有知耻之心迟早会受到自己良心的谴责。

第二章　政治观念

一　民为本

民本，即以民为本，把人民作为一个国家最根本、最重要的力量。

说到“民本”思想，一般人马上会想到魏徵劝谏唐太宗所说的话：“君，舟也；人，水也。水能载舟，亦能覆舟。”把皇帝比作舟，把人民比作水，水能载舟，也能覆舟。这句话是以民为本思想的一个体现。魏徵劝谏唐太宗的起因是这样的，唐太宗跟侍臣们说：“看古代的帝王，有兴就一定会衰，都是因为遮蔽了耳目，不知道时政的得失。你们都是朕的耳目。”魏徵说：“自古失国之君，都是居安忘危，所以不能长久。臣听古语说‘君，舟也；人，水也。水能载舟，亦能覆舟。’陛下认为这句话可作为警醒，就诚如圣旨。”

魏徵像（摘自郭磬、廖东编《中国历代人物像传》，济南：齐鲁书社，2002 年）

魏徵说这句话的时候，指出自己是引用了古语。那么，古语是从哪里来的呢？

原来这句话是《荀子》中记载的。荀子记述了孔子与鲁哀公的一段对话。鲁哀公请教孔子说："寡人在深宫之中出生，在母亲身边成长，所以寡人不知道什么是哀，什么是忧，什么是劳，什么是惧，也不知道什么是危。"孔子回答："你这样问，是圣君的发问啊，我是个小民，怎么能知道呢？"鲁哀公说："没有先生我怎么能得到答案呢。"孔子就回答："你每次去家庙，看到祖宗的器物仍存，但人已亡，你这样想哀，哀怎么会不来呢？你每次听朝，如果什么事情没安排好，国家就会乱，你以此思忧，忧怎么会不来呢？你晚上退朝，诸侯的子孙肯定在你的末庭上还没能离开，你以此思劳，劳怎么会不来呢？你出鲁国的城门，看看鲁国之外，亡国的废墟之上又有新的建筑慢慢都建立起来，你以此思惧，惧怎么会不来呢？并且，我听说'君者，舟也；庶人者，水也。水则载舟，水则覆舟'。你以此思危，危怎么会不来呢？"荀子说是他记述的孔子的话，因而在记录孔子言行的《孔子家语》中也保存了这句话。

然而，"水能载舟，亦能覆舟"并没有直接明确提出"民本"二字。"民本"的出处在《尚书》，《尚书》中说："皇祖有训：民可近，不可下；民惟邦本，本固邦宁。"意思是说，人民可以亲近，但不可轻视；只有人民才是国家的根本，根本牢固，国家才会安宁。

以民为根本的想法在春秋战国时期很受重视。春秋时代，王室衰微，诸侯争霸。各国的王公卿大夫之间，以及卿大夫之间，经常发生争夺权位和财富的斗争。在这些斗争中，民心的向背起着重要的作用。《左传》中记载，齐国的田桓子把粮食贷给民众,用大斗借出,小斗收进,民众十分感激,人民"归之如流水",齐国的政权终于落入陈氏(即田氏)手中。管仲的《管子》中提出:"霸王所始,以人为本。本安则国固,本乱则国危。"管仲很重视以人为本,人民才是国家牢固的基础。《战国策》中提到赵威后一件事就和以民为本的思想有关。齐王派使者到赵国拜见掌权的赵威后。使者的国书还没呈上,赵威后就问使者说:"你们齐国的年成还好吗?老百姓的生活还好吗?齐王的身体还不错吧?"齐国使者很不高兴:"我奉我们大王一片好意来看望您,现在您不先问问我们大王的情况,而问什么年成和百姓,岂不是把低贱的放在前面,而把尊贵的放在后面吗?这大概不合礼节吧!"赵威后说:"你错了。如果没有好年成,怎会有人民安居乐业?如果人民不能安居乐业,怎么会有国君的安宁?哪有舍本问末的呢?"这里明确以民为"本"、以君为"末"。

不以民为本的结果往往是国破家亡。如《孟子》中就总结:"桀、纣之失天下也,失其民也,失其民者,失其心也。得天下有道:得其民,斯得天下矣;得其民有道:得其心者,斯得民矣;得其心有道,所欲与之聚之,所恶勿施尔也。"夏桀、商纣这些残暴无道之君,最终失去天下,根本的原因是失去了人民,失去了天下人之心。孟子提出了得民心的手段,就是:人民喜欢的就给他们,人民不喜欢的就不要强力威压施加在他们头上。实质上就是孟子自己所说的统治者要"与民同乐",知道人民疾苦,同甘苦共患难。孟子曾明确提出:"民为贵,社稷次之,君为轻。"齐宣王向孟子请教:"我怎样辨别人才、使用人才?"孟子说:"左右官员都说好,不要信;诸大夫都说好,不要信;国民都说好,要重视,考察后发现真的好,再用他。左右官员都说不好,不要信;诸大夫都说不好，不要信；国民都说不好，要重视，考察后发现真的不好，再免掉他。左右官员都说可杀，不要信；诸大夫都说可杀，不要信；国民都说可杀，要重视，考察后发现真的该杀，再杀他。"在孟子看来，国家中人民的意见才是最重要的。

以民为本关涉着国家的存亡、安危，如此重要，因而在历史上非常受重视。《后汉书》中记载张纯给皇帝上表就说："夫国以民为本，民以谷为命，政之急务，忧之重者也。"提醒皇帝以民为本，重视粮食生产，这是政务中最迫切、最令人担忧的事情。《三国志》中和洽也提出类似的想法："民稀耕少，浮食者多。国以民为本，民以谷为命。故费一时之农，则失育命之本。"国家是以民为本的，因而要让人民都安定在土地之上，在农业为绝对主业的时代，耕种是最重要的活动，不能让人民脱离土地。《三国志·吴书》中也提道："国以民为本，民以食为天。"《三国志·蜀书》中记载诸葛亮推荐蒋琬时说："蒋琬，社稷之器，非百里之才也。其为政以安民为本，不以修饰为先，愿主公重加察之。"认为蒋琬是社稷之材，就是因为他能够"安民为本"，也就是能以民为本。

《魏书》中记载西河、建兴两地起了很多盗贼，当地的守宰怎么也控制不了。太宗就带着崔玄伯及北新侯安同、寿光侯叔孙建、元城侯元屈等人征伐盗贼。太宗问："现在犯事的人很多，不可能把他们都杀了，朕想大赦他们，卿等以为何如?"元屈回答："不治罪反而赦免，好像皇上你有求于下人，不如先诛杀他们的首领，再赦免其同党。"崔玄伯说："王者治天下，以安民为本，何能顾小曲直也？譬琴瑟不调，必改而更张；法度不平，亦须荡而更制……若其赦而不改者，诛之不晚。"崔玄伯主张以安民为本，如果赦免之后仍然恶行不改，再杀之也不晚，太宗就听从了崔玄伯的意见。这也是典型的以民为本的历史事例。

随着历史的发展，明朝灭亡，清军入关，士大夫悲痛于朝代更迭的血腥教训，对以民为本有了更进一步的发挥，清初三大儒中，黄宗羲在《明夷待访录》中猛烈抨击君主“屠毒天下之肝脑，离散天下之子女，以博我一人之产业”，“然则为天下之大害者，君而已矣”。君主为了争夺天下而让百姓肝脑涂地、妻离子散。王夫之则说：“天下者，非一姓之私也，兴亡之修短有恒数，苟易姓而无原野流血之惨，则轻授他人而民不病。”不管王朝怎么更替，如果不让人民原野中流离失所，任你如何都无所谓，王夫之说“社稷不存以能保民者为重”，在他心中百姓是最重要的。

到了近代，中国人吸收了西方的近代民主思想，将以民为本加以改造，如梁启超在《先秦政治思想史》中介绍了美国林肯的著名言论：of the people，by the people，for the people。到孙中山的时候，孙中山则提出“民族”、“民权”、“民生”的“三民主义”。民本思想在新的时代改变了意义。

二　大同理想

中国人的大同理想，在《礼记》中得到最明显的阐述，《礼记》作为儒家经典，是六经之一。《礼记·礼运》借孔子之口说出：

> 大道之行也，天下为公，选贤与能，讲信修睦。故人不独亲其亲，不独子其子。使老有所终，壮有所用，幼有所长，矜寡孤独废疾者皆有所养。男有分，女有归。货恶其弃于地也，不必藏于己。力恶其不出于身也，不必为己。是故谋

闭而不兴，盗窃乱贼而不作，故外户而不闭。是谓大同。

这种理想的大同社会，奉行“天下为公”的原则，对今天的社会非常有对照意义。在大同社会中，通过选举，有贤能的人管理公共事务，社会讲求诚信与和睦，而不是贪污腐败，徇私枉法。人们不单单把自己的亲人视作亲人，也不单单把自己的孩子视为孩子，人们都没有那么自私。社会要让老人有依靠，而非流落街头。壮年人都能找到工作，发挥自己的力量。小孩子都可以不吃毒奶粉，饮食健康，快乐成长。孤寡老人和残疾人士都得到社会的赡养。人们不崇拜金钱、崇拜资本，不崇拜暴发户。社会治安良好，可以夜不闭户。

这样的大同社会，是中国从古至今遥远的梦想。历代中国人都向往过这样的社会。人们熟悉的晋代陶渊明笔下的“世外桃源”就是人们梦想的表达。在陶渊明的桃花源中，“土地平旷，屋舍俨然，有良田美池桑竹之属，阡陌交通鸡犬相闻。其中往来种作，男女衣着，悉如外人，黄发垂髫，并怡然自乐”。这是一个宁静安详、其乐融融的世界。宋代高宗时，康与之在《昨梦录》中也描绘了一个这样理想的社会：“居民虽异性，然皆信厚和睦……凡衣服食饮牛畜丝纩麻之属，皆不私藏，与众均之……计口授地，以耕以蚕，不可取衣食于他人。”这个社会与陶渊明的桃花源一样都是对大同社会的构想与向往。

除了文人墨客对大同社会的理想，在各种史书中也时时提到天下大同的理想，如在《史记》的注疏中，提到星象“大角”时就说“大角”是“人君之象也”，如果看到“其明盛黄润，则天下大同也”，是一种吉祥的象征。天上的“大角”既明亮又饱满黄润的话，则表明地上的社会是天下大同的盛况。《晋书》中刘颂上书称赞："大晋之兴，宣帝定燕，太祖平蜀，陛下灭吴，可谓功格天地，土广三王，舟车所至，人迹所及，皆为臣妾，四海大同，始于今日。"赞扬晋国"四海大同"的丰功伟绩。《魏书》中记载闾进与魏高祖探讨王政说："天下大同，风轨齐一，则政出于天子；王道衰，则政出于诸侯；君道缺，则政出于大夫。"天下大同，社会秩序良好，则政令从天子发出，都能得到贯彻执行。如果王道衰微，则地方诸侯当权。诸侯无道，则政治就在下级官员手中。对于执政者来说，"天下大同"也是他们争取的最高目标。

大同社会一直是中国古人心中的理想与目标。到了近代，中国开始经历各种内忧外患，中国人对大同理想的追求更加急切，希望以此解决中国严重的社会问题。1851 年 1 月 11 日，洪秀全在广西桂平县金田村发动起义。在为起义所作的《原道救世歌》中说世间男女皆上帝赤子、兄弟姐妹，他号召大家正己正人，将乖离浇薄、凌夺斗杀之世变为公平正直、强不犯弱、众不暴寡、勇不苦怯之世。1853 年，太平军定都南京，颁布纲领《天朝田亩制度》，把土地问题作为中心问题，对各家种桑、养鸡养彘、布帛各物，均有详细规定，鳏寡孤独废疾者免役，由国库供养，要实现"有田同耕，有饭同食，有衣同穿，有钱同使，无处不均匀，无处不饱暖"的社会。可以看出，这样的理想就是中国大同理想的变形。不过，太平天国起义不久就失败了，大同社会仍旧是一个遥不可及的梦想。

在近代，大同理想的最集中表达，要数康有为的《大同书》了。《大同书》初稿名《人类公理》，康有为此后避居于印度时著为成书，1913 年经过增删和调整，基本定稿。《大同书》全书分为十部，康有为试图描述一个没有国家、民族、人种、性别等差异的“大同”世界。为变这种愿景为社会现实，康有为要“去九界”。他认为现实社会中不仅贫穷卑贱者苦难多，富裕尊贵者也不幸福，“总诸苦之根源，皆因九界而已”，“救苦之道，即在破除九界”。这“九界”就是国界、级界、种界、形界、家界、产界、乱界、类界和苦界。国界是指国家之间的分界，级界是等级之间的分界，种界是人种之间的分界，形界是形体之间的分界，家界是家庭之间的分界，产界是财产之间的分界，乱界、类界和苦界是从社会秩序、人们的情感和心理感受等方面所作的概括。“去九界”就可以实现大同社会。康有为认为，要达到大同，必须取消私有制的既成状态，达到公产社会。他说：“今欲至大同，必去人之私产而后可。凡农工商之业，必归之公”，实现公有制支配。此外，政府官员要公推而产生，“夫天下国家者，为天下国家之人公共同有之器，非一人一家所得私有，当合大众公选贤能以任其职，不得世传其子孙兄弟也”。没有君臣、主仆之别，每个人均享有高度的民主权利和政治、人身等自由。另外，男女完全平等。“男与女虽异形，其为天民而共受天权，一也。”成人按劳取酬，老幼残疾公养。在大同社会中，人们穿着色彩斑斓、式样新奇。饭馆里“以机器为鸟兽之形而传递饮食之器”，居室

康有为像（摘自刘家驹编《中国历史图说（十一）》，台北：世新出版社，1979年）

中“抚桌之机即能开合运送”食品。社会上有“腾天驾空”、“云窗雾栏”的“贝阙珠宫，玉楼瑶殿”高级住宅，也有“珠玑金碧，光采陆离，花草虫鱼，点缀幽雅”的冬暖夏凉的屋舍。总之，康有为这种大同思想，综合了儒家的大同理想，耶稣教、佛教的平等、博爱的教义及欧洲的乌托邦思想，有点类似共产主义的描述。

站在今天的立场，除了历史中传说的尧舜禹时代实现了大同社会，在此后似乎再也没有实现过。对比当下中国的社会现实，与先贤们描述的理想社会差距仍远不可及，但在中国人的内心深处，大同的理想又岂能真正彻底被抛弃？

三　和为贵

“和为贵”是中国传统中非常重要的伦理观念，这个说法最早见于《论语》。有若小孔子四十三岁。有若曰：

> 礼之用，和为贵，先王之道斯为美。小大由之，有所不行；知和而和，不以礼节之，亦不可行也。

有若所说的“人知礼贵和，而每事从和，不以礼为节，亦不可以行也”，就是礼的应用，以和谐为贵。但是不能大事小事只顾按和谐的办法去做。因为，如果只是为和谐而和谐，不以礼来节制和谐，就会导致礼所规定的等级差别的社会关系的破裂。如同春秋时期的臣弑君、子弑父的现象。所以只和不礼也是不可行的。和是儒家学说所特别倡导的伦理观念，自从儒学广泛传播，成为正统之学以来几千年，这种“和”的理念就深深地扎根于中国的精神土壤之中，在社会原则和政治生活中表现出来。《礼记·中庸》写道:“喜怒哀乐之未发谓之中,发而皆中节谓之和。”杨遇夫《论语疏证》也说:“事之中节者皆谓之和,不独喜怒哀乐之发一事也。和今言适合,言恰当,言恰到好处。”说的都是在儒学所推崇的治国、为人之礼之上再加上“和”这一原则。“和”与“礼”相惠而成,礼以和为贵,和以礼节之。可见儒家的和并不是无原则的调和,只顾表面的和平,是有着合理性的。有若提出“和为贵”之说,也是有着缓和当时阶级对立的矛盾,安定社会秩序的作用。

人们通常认为,“和为贵”的观念主要是体现在历代的政治生活中的。

《宋史》中有记载,“中和而立政”。言君主治国的准则是中和。“中”即中正,“和”即和谐。中正以立国家的纲法政要,这是刚的一面,和谐以安定社会,使人们幸福,这是柔的一面。刚柔并济,就构成了一个仁德而有力的政权。《史记·周本纪》中有“兴正礼乐,度制于是改,而民和睦,颂声兴”的记载,即周成王时代消灭了殷朝的残余势力,袭击了淮夷,回到丰邑之后重新规定了礼仪,谱制了音乐,法令、制度这时也都进行了修改,百姓和睦、太平,颂歌四处兴起。无论是修制法令还是音乐,或者是出兵打仗,其根本目的都是为了社会的“和”,政权的“和”,为了百姓的“和”。

同样蕴涵着丰富“和”的思想的政治行为还有和亲。中国自古便有和亲的传统,原本对立的国家通过婚姻形成了亲缘的关系,可以在一定程度上避免一些战争,换来和平的时光。《史记》:“孝景元年(公元前156年),匈奴入代,与约和亲。”西汉初年国家还比较衰弱,用和亲的办法避免战乱,使得西汉能够有时间休养生息和恢复繁荣。人民能够生活和睦。《魏书》中也记载了一个浪漫的故事:拓跋族经过六十七世传至大人拓跋毛,又经七世到拓跋邻,其儿子为拓跋诘汾,这个拓跋诘汾就是酋长。在他们西迁来到蒙古高原阴山的时候,来到一个山口,发现从天上降落下来一辆装满鲜花的车辆,里面有一位漂亮的女孩,自称"神女",受天神的派遣前来和诘汾结为夫妻,结为夫妻后,这位女子又离开了,临走时对诘汾说:一年后你来这里等我,咱们共同的儿子将要降生。一年后,果然神女和诘汾再次相逢,真的生了一个儿子。从此开始了拓跋鲜卑"鲜卑父、匈奴母"的时代。实际上这是匈奴故地的人导演的一场特殊的和亲,使两个种族、两大部落之间通过和亲的手段联合了起来。这就是历史上著名的"鲜卑父、匈奴母"的来源,也就是一次大的民族融合,经过这次融合,鲜卑人口达到120多万了。这使拓跋族社会神速发展。

然而,"和为贵"的思想不仅表现在政治方面,还体现在音乐与自然上。《史记》:"及其调和谐合,鸟兽尽感,而况怀五常,含好恶,自然之势也?"说的是和谐的音乐能包含善恶,与自然融合。这里就将"和"的观念从人为的政治层面中提了出来,将其与自然的内涵加以结合。音乐和谐,这其中体现的是中国人与自然同生共存的"和"的情怀——音乐乃是人为,但人为将其制作得趋于自然,趋于万物的天性。《史记》有载:"夫乐调而四时和,阴阳之变,万物之统也。"即和谐的乐声,能令四时和,而阴阳变,则能生万物,是阴阳即夫妇也。夫妇道和而能化生万物。在古代农耕文化中人们对于生育万物是十分崇敬的,人为之本,故云"万物之统"。这种"和"的状态是值得称颂,值得追求,值得保持延续的。在中国人传统的宇宙观中,平衡和中道是非常重要的内容。《易经》中提到的阴阳消长，天地运化。都是一种平衡、和谐的理念。“以和为贵”是中国人传统为人处世之道。

毫无疑问地，“和”作为治国处世的原则对于社会和个人都有着极大的意义。有一个三尺巷的故事，说的是桐城只隔一条巷子相邻的两户人家，一家在外地做官，另一家是本城的商贾。两家都在建房子，房子建得差不多了，在砌围墙时，双方为地界发生了争议。桐城人素来就有“寸土必争”的老传统，闹到最终，“鸡犬相闻，老死不相往来”。为了区区三尺地，无论是官宦人家还是商贾大户各不相让。做官的那一家，连忙去信给官人告状。隔不了多久，官人来了回信，信上说：“来信为争三尺房，让他三尺又何妨，万里长城今犹在，不见当年秦始皇。”信上说的很明白，官人既来信，遵信所嘱，在离原地界退后三尺砌上围墙。对面那一商家，看到此景，深受感动，也在原地界退后三尺砌上围墙。这两道围墙中间形成一条巷子，后人就给这条巷子取名为“三尺巷”。“三尺巷”的宽度，不是三尺而是六尺宽。

桐城六尺巷（作者拍摄）

和谐的社会之中，人人各得其所，各安其位。生活安乐而有秩序，痛苦和悲伤也就会少很多。然而如若不遵从“和”的指导，则就会有不幸降临。

司马迁在《史记》高祖功臣侯者年表中有一番评论：

余读高祖侯功臣，察其首封，所以失之者，曰：异哉所闻！《书》曰“协和万国”，迁于夏商，或数千岁。盖周封八百，幽厉之后，见于《春秋》。《尚书》有唐虞之侯伯，历三代千有余载，自全以蕃卫天子，岂非笃于仁义，奉上法哉？汉兴，功臣受封者百有余人。天下初定，故大城名都散亡，户口可得而数者十二三，是以大侯不过万家，小者五六百户。后数世，民咸归乡里，户益息，萧、曹、绛、灌之属或至四万，小侯自倍，富厚如之。子孙骄溢，忘其先，淫嬖。至太初百年之间，见侯五，余皆坐法陨命亡国，秏矣。

《尚书》曰：“协和万国。”说的是“和”的政治理念。君王应该用“和”的原则来协调各国，达到和平、共荣的境界。《尚书》记载了唐尧、虞舜时的侯伯，经历夏、商、周三代的千余年，仍然保全着自己的地位而屏卫着天子。这就是因为他们深信仁义，遵奉君主的法令，懂得“和”的最高准则，才造就了初期的繁荣和稳定。然而到了后来，汉朝兴起了，受到分封的功臣一百多人。当时天下刚刚安定，以前那些大城名都的人口离散逃亡，以后几代，民众们都回归故乡了，户口才日益繁衍起来。财产不断积累，他们确实富裕厚足了。于是，这些人的子孙骄傲自满了，忘记了自己祖先创业的艰难，干起了荒淫邪恶的勾当。不再“以和为贵”保有家业，修身立命。于是，从开始受封到太初时只有百余年的时间，原来的侯爵保持至今的只剩下五家，其余的都因犯法而丧命亡国，一下子就全完了。可见，在丰厚的财产与权势面前，忘记了“礼”与“和”的规定，随意处之，终将导致衰落甚至灭亡的结局。

有子云："和为贵。"不论是古时的道德要求，还是今天和谐社会的道德要求，或者是自然对于人类共生的要求，都指向了这个至高的境界——和。

四　名正言顺

"名正言顺"的说法最早见于《论语·子路第十三》，原文是这样的：

> 子路曰："卫君待子而为政，子将奚先？"子曰："必也正名乎！"子路曰："有是哉，子之迂也！奚其正？"子曰："野哉由也！君子于其所不知，盖阙如也。名不正，则言不顺；言不顺，则事不成；事不成，则礼乐不兴；礼乐不兴，则刑罚不中；刑罚不中，则民无所措手足。故君子名之必可言也，言之必可行也。君子于其言，无所苟而已矣。"

子路是孔子得意门生，以政事见称。子路的性格直爽率真，有勇力才艺，敢于批评孔子，《论语》记载的孔子与子路之间这段著名的对话，正体现了子路这一性格。这段话的大意是，子路问孔子："如果卫国国君用先生当政，先生将先从哪里开始？"孔子回答说："假使如此，那么一定是先正名吧！"子路嘲笑孔子说："这样想，先生真迂腐啊。"然后接着又问："怎么个正法？"孔子指责子路说："仲由你太鄙俗了，没礼貌！作为一个君子，对于自己不知道的事应该要存疑。名分不正，那么说起话来就不通；说话不通，事就办不成；事办不成，礼乐就无法兴盛；礼乐不兴盛，刑罚就不会得当；刑罚不当，人们就无所适从。所以君子在给一事定名分的时候，一定能够讲得通，所说的也一定能够得到实行。君子对于自己的言论，是不会随随便便的。”

这段对话是以历史上一个真实的事件为背景的，卫灵公有一个太子，叫做蒯聩。世子蒯聩因为其母亲南子淫乱而感到耻辱，想杀了她，结果没有成功而被发现，于是流亡到国外避难。这时候卫灵公死了。卫灵公临终时想立公子郢，但是公子郢推辞。卫灵公死后，夫人南子也想立公子郢，但是再次遭到拒绝。南子就让卫灵公的孙子蒯辄来接位，成为卫出公。做儿子的蒯聩还没有当国君，做孙子的蒯辄倒接了祖父的位置。蒯聩当然就想要回来抢。可以说是一种非常难堪的局面，父亲跟儿子在争国君的位置。此时，孔子恰好周游列国至卫国，子路则是卫出公蒯辄的臣子。当年孔子因不满鲁定公沉迷酒色，带领学生来到卫国，因卫灵公言而无信，就留下子路一人，他带领其他学生离开卫国。卫出公继位后，让子路去请孔子来卫国辅政。这时孔子说出了“名正言顺”的道理：“名不正，则言不顺；言不顺，则事不成。”

不过，这件事情很复杂。蒯聩外逃期间，蒯辄已经继位好几年。由于卫出公蒯辄已经造就了继位的既成事实，他是君，他父亲蒯聩就是臣，此时蒯聩和卫出公的父子关系应当让位于君臣关系。然而，卫灵公死后，南子不按法统，私立卫灵公之孙为王位继承人，有违正统，这是不合法的。现在蒯聩回来了，卫出公作为不合法的王位继承人，应当将不合正统的既成君臣关系让位于父子关系，重新认父亲为合法的王位继承人。孔子虽然提出先要“正名”，但并未明言在这件事中如何选择。不过这却不能阻止后人的思考，在朱熹的《四书章句集注》中记录一条胡姓思想家的设想。胡氏认为：

> 夫蒯聩欲杀母，得罪于父，而辄据国以拒父，皆无父之人也，其不可有国也明矣。夫子为政，而以正名为先。必将具其事之本末，告诸天王，请于方伯，命公子郢而立之。则人伦正，天理得，名正言顺而事成矣。

这段话赞扬了孔子的立场，毕竟蒯聩、蒯辄父子是有道德污点的，而公子郢二让国君之位，比较符合儒家对圣王的要求。不过，历史的事实却未必如胡氏所设想，真实的权力争夺不是那么合乎仁义的事。

孔子"名正言顺"的说法虽然是有所针对地提出，但却有普遍的理论效力。所谓"名正"，即是要符合当时普遍认同的礼仪规范，符合道义，在孔子看来这两者是不矛盾的。的确，"名正"之后，人们在舆论上就占到了制高点，这样办起事来，理由充分，阻力小，也就容易取得成功。而由"名正"之后，所制定的法律也能得到普遍认同，自然实施起来效果明显。否则，人们在根基上就出现分歧，作为枝叶的法律上必然难以认同，而这样人们将无所适从。孔子说这话的时候，其实是以一个政治家的高度要求子路，要求君子。

自孔子提出此说，"名正言顺"就成了政治事件中一个极其重要的政治原则与策略，无论政治事件的发起方是否真的是正义的、合乎当时普遍认同的礼仪规范的，都试图让人们觉得自己站在"名正"的一边，以便争取更多人的支持，也能让自己的人能够全力以赴。三国时期是个战火丛生的年代，也是各个割据诸侯争名分正名的年代。如袁绍在征讨曹操时，事先也让自己帐下著名的文士陈琳写出了非常著名的《为袁绍檄豫州文》，文中历数曹操的罪状，诋斥及其父祖，极富煽动力。"名正言顺"在诸葛亮那里更是一个重要的政治资本，他在蜀国打着刘汉的正统，为的就是要在北伐中树立起正义的旗帜。

上述的那些例子尽管最终都没有取得成功，但那并不代表"名正言顺"这个说法的效力值得怀疑。作为一种非常有力的理论武器，"名不正则言不顺"还出现在各种政治场合中。明世宗继位的时候，发生了一个著名的"大礼议"之争。明代武宗纵情声色，不到三十岁便一命呜呼，却未留下任何子嗣。按明朝祖制，由他的堂弟朱厚熜继承大统，即世宗。武宗是孝宗的独子，世宗是兴献王的独子。也就是说，世宗只是孝宗的侄子，他的爸爸是兴献王。世宗即位后，想借自己的皇权给自己已亡故的生父一个名分，然而却遭到了以首辅杨廷和为首的廷臣们的反对，廷臣们的意见很明确：继统必须兼继嗣，世宗应以孝宗皇帝为"皇父"，以孝宗皇帝的皇后慈寿太后为"圣母"。兴献王、妃为本生父母，但不能加"皇"字追尊。最后，皇帝与大臣们经过八

明世宗像（摘自申仁编《故宫旧藏珍宝欣赏》，上海：上海科学技术出版社，2000 年）

年的纷争，大臣们最终或被“廷杖”或被下狱。世宗下诏，称自己的父亲兴献帝为皇考，章圣皇太后为圣母，以孝宗为皇伯考，慈寿皇太后为皇伯母。最终皇权取得胜利。

有时候，“名正言顺”只是被作为一个幌子来使用，往往掩盖了背后邪恶的动机，而真正算得上正义的几乎很少。例如，明代永乐帝朱棣以“清君侧”的名义争夺侄子孝文帝的皇位，他进了南京还假惺惺对方孝孺等人说他是要做辅佐成王的周公，只是成王被烧死了，他这个周公只好自己做皇帝了。朱棣这个说法很难自圆其说，即使孝文帝死了，他的儿子还在，可朱棣和他的子孙把孝文帝的儿子囚禁多年。所谓的“名正言顺”只成了表面文章，最终决定胜负的还是手中的暴力。

“名正言顺”本是孔子提出来的儒家从政与为人的理想与准则，然而在政治斗争的事实中，成为一个被利用的工具。不过，对于普通人来说，做事做人仍需做到“名正言顺”，这样才能正义凛然，无愧于心。

五　清官理想

“清官”一词最早出现也许要追溯到二十四史里的《晋书》。《晋书·何遵传》中曾经提到，何遵之子何嵩“博观坟籍，尤善《史》、《汉》，少历清官，领著作郎”。但是，此处的“清官”是指不掌握实际大权，政务清闲，专门掌管皇家图书文籍一类的官员，和我们常常提到的“清官”并不是同一个概念。“清官”一词被真正用于形容“清正廉明的官吏”，恐怕要延后到金代。金人元好问有首题为《薛明府去思口号诗》的诗作：“能吏寻常见，公廉第一难。只从明府到，人信有清官。”这首诗公认第一次赋予了“清官”以“清正廉明”的意义。但研究表明,在此之前的两宋,“清官”相对完整的概念就已经形成了。自宋起,一个独特而又独立的“清官理想”就长期伴随中国传统政治观念,深刻影响着包括统治者和被统治者在内一个巨大群体的政治意识和政治实践。

“清官”在中国官僚体系中最经常出现的位置并不是高官要员,而是守、令两级。历代正史几乎都为这样一群中下层官吏专门立传,大力歌颂他们清廉高洁,尽心事君,尽力为民的一面。不同朝代史书中对这部分的命名也有不同:《史记》、《汉书》、《后汉书》、《北齐书》、《南史》、《北史》、《隋书》、《新唐书》、《宋史》、《金史》、《明史》和《清史稿》中有“循吏列传”;《晋书》、《宋书》、《梁书》、《魏书》、《旧唐书》、《元史》中有“良吏列传”;《辽史》中有“能吏列传”,等等。这些称谓文字背后透露着统治阶级对待“清官”的特殊态度。“吏”字在古代原是百官的通称。自汉朝以后,“吏”逐渐变成了对职位比较低微的官员的称呼。“吏”前面的修饰“循”、“良”、“能”,则更明白地透露出这类官员在统治者和正史史家眼中的地位,统治阶级对“官伦理”的选择性塑造,让他们成为了统治阶级政令法条的忠实执行者和民间“朝廷正面形象”的代言人,成为了把帝王将相钉紧在民土民壤上的一颗颗铆钉。

反观另一面,对那些有志担当铆钉的士人而言,“清官理想”可说是一个个多元一体的价值体系,其内部掺杂有许许多多的心态、动机和愿望:既有在儒家入世思想熏陶下的“为民”胸怀,也有士人特有的“情操务洁”的道德准则;既有青史中前代“清官”作为“榜样”的诱惑,也有对家族、个人“清誉”的追求。“皇帝”与“清官”恰好达成了一种互相补充互相依存的关系,统治者希求清廉得力的官员来维持国家机器的运转和维系其与人民的关系，官吏们则厕身统治阶级建立的体系下以获得实现其政治抱负的空间。

在儒家伦理体系下，“清官”标准提出的要求是多元的。其中最重要的一点就是“廉”——“廉”字本指房屋的侧边，取其方正、有棱角之形，形容人的正直、不苟取。从某种意义上来说，“贪官”攫取了原本属于统治阶级的利益和利益特权，这与统治阶级的秩序是根本相左的。因此，“廉”是吏治礼教中最不容动摇的一条。儒家重要著作之一《周礼》就在《天官冢宰·小宰》篇章中提出了对群吏考察的六个标准：一曰廉善；二曰廉能；三曰廉敬；四曰廉正；五曰廉法；六曰廉辨。可见，“廉”的要求贯穿了传统吏治的方方面面。以清廉之名传世的官吏有很多，譬如东汉杨震。《后汉书·杨震传》记载：

> 汉杨震，为东莱太守。故所举茂才王密为昌邑令。夜怀金十斤以遗震。震曰：“故人知君，君不知故人，何也？”密曰：“暮夜无知者。”震曰：“天知，地知，子知，我知。何谓无知？”密愧而出。

杨震被任命为东莱太守，上任途中经过昌邑县。县令王密曾是杨震举荐过的茂才。为表感激，王密深夜携十斤黄金，要赠与杨震，说：“时至暮夜，不会有人知道的。”杨震却厉言正色道：“天知，地知，你知，我知。怎么能说没人知道？”他一生清廉，不接受私人馈赠，却将“清白吏子孙”之名留给后世——他的子孙常常只能吃蔬菜下饭，徒步出行。杨震不受“暮夜金”，表现了他身上与“廉理想”高度符合的精神特质。

另外三个要求则是“忠”、“仁”与“明”。“忠”是尽事君之责，对君王负责。与苏武、文天祥之类的“守节之忠”不同，在“清官理想”范围内“忠”，包括了鞠躬尽瘁、敢于直谏等一系列品质。《论语·八佾》中说：“君使臣以礼，臣事君以忠”，说的正是此“忠”。明代“样板”清官海瑞、清康熙年间号称“清官第一”的于成龙，都是“清官之忠”的好例子；“仁”是尽事民之任。“民为贵”、“保民”、“安民”、“养民”等思想，自商周时期起就已发轫。《尚书》中记录，周公曾多次以安定民心、体察民苦之言告诫康叔等人。以孔“仁者爱人”、孟“民为贵”为核心的儒家思想，更是把“仁”的执政、治民理念深深烙在二千余年的统治思想之中；“明”是有明断之才。古代下层官员的一个重要职责，就是裁决诉讼、执掌刑狱之事。能否明察善断，雷厉风行，常常是评判官吏“清”与否的重要标准。

假如要在历史上找一个能完全符合这些标准的“清官模范”，这个人非包拯莫属。“包青天”可算得上是历朝历代诸多“清官”之中最典型、最丰满、最富传奇色彩的形象之一。包拯，字希仁，庐州合肥人，死后谥号“孝肃”。他有断案之才，《宋史·包拯传》记载了他明察秋毫的事迹：担任天长县知府时，有盗贼割了人家耕牛的舌头。他心思细密，判断盗贼是出于私怨而作案，于是让当事人回家宰牛出售，果然引出了再度挟嫌前来官府告发私自宰牛的盗贼；他两袖清风，在担任端州长官期间，革除当地官员私敛端砚的恶俗，“岁满不持一砚归”，富贵之后，仍旧坚持“衣服、器用、饮食如布衣时”；他为人刚直不阿，贿赂巴结在他身上都行不通，让他在洛阳城留下过“关节不到，有阎罗包老”的佳话；他对子孙后辈要求近乎严苛，规定：“后世子孙仕宦，有

包拯像(摘自申仁编《故宫旧藏珍宝欣赏》,上海:上海科学技术出版社,2000年)

犯赃者,不得放归本家,死不得葬大茔中。不从吾志,非吾子若孙也。”他几乎满足了统治者对“清官”的所有要求。

如此一个完美的“清官”形象,自然会受到统治阶级和百姓两方面的追捧。事实上,“清官”这一概念在宋的独立化和体系化,根源正是那位我们耳熟能详的“青天大老爷”。随着自宋始大量赞颂吹捧包拯其人其事的文学艺术作品诞生,“清官”的概念得以通过丰富而有系统的手段在人民脑海中不断强化。此外,包拯在民间还有另一个面目:因为执法公正无私,他死后成了民间神话中主管阴司的阎罗王,继续审断是非黑白。

历史上类似包拯死后被神化的清官还有很多:传为舜时代明臣的皋陶,汉朝开国丞相萧何,死后都被神化为掌管刑狱之神;海瑞被尊奉为南京的城隍爷,相当于南京城阴间的长官;清代盛行的公案小说,常常把清官描写成神一般的形象。凡此种种,这些“神”一般延续其人在世时的为官特质,表明它们寄托了百姓对这些清官的追思与纪念。然而,对“清官”的神化,恰恰反映出社会百姓在精神人格上的自我矮化。“清官”成为了象征清明真理的“青天”,成为了寄托生命信念的“父母官”,这倒成了对社会底层百姓的变相精神剥削和奴役。

如果考虑到“清官”与“帝王”间的共生体系,就不难看出,在这种体系中，百姓其实也是其中的一部分，他们从根本上接受了统治阶级的纲常观念，通过“清官”的直接管治，被缚在这个共生体系上，滋养着“君”与“官”的上层建筑。整个传统社会的变迁史就是这个体系内部成员相互更替、相互协调的过程。“清官理想”从本质上反映了君、民、官三元体系内部的共同趋向。“清官理想”作为中国传统社会体制的产物，有着与生俱来的局限性和消极色彩，但同时，它也表达了传统知识分子在一定的历史环境下积极的政治抱负和高尚的精神气质，对塑造中华民族积极有为的正面人格起到了不可否认的作用。

六　父母官

在中国传统中，老百姓对官员有“父母官”的称呼。虽然近年吏治腐败，“父母官”的称谓已经被下层百姓抛弃，但官员自身愿做“父母官”意识依旧很强烈。

中国早期社会以宗法为基础，如周代天子之下的诸侯、大夫、士，都是按血缘关系的分封出去的，底层的人民与这些王公贵族基本都是同宗同族，统治者成为维持和保证自己统治区域内百姓吃穿用度、安居乐业的“父母”。《诗经》中“乐只君子，民之父母”的说法，就是赞扬贵族的品行高尚，可为民之父母。

不过，中国在很长的时间内，并没有“父母官”的说法。据清代著名学者钱大昕的考证，“父母官”的称呼大约宋代初年已经形成。北宋著名诗人王禹偁在被贬做地方官以后，写诗：“万家呼父母，百里抚茕嫠。”并在诗下自注说：“民间多呼县令为父母官。”可见这种称呼在北宋初就已经存在了。“父母官”作为对州县官的称谓，到了明清时期已经相当流行。清代的王士禛在《池北偶谈》中说:“称州县官曰父母,抚按司道府曰公祖,沿明世之旧也。”说明清代称州县官为父母官是跟着明代学的。

古代的州县官员集行政与司法两种职能于一身。行政上需要对付上级的各种税收,处理各种公文,传达朝廷的旨意。对下要处理地方事务,组织考试,征税,处理与地方大族的关系,保证皇帝的政策在地方执行等等。在司法上则是审理地方案件,进行司法判决。不管是行政方面还是司法方面,“父母官”在地方都具有很大的权力。不过,在这些职能中,官员都是作为“父母”高高在上的姿态出现的,而非公共利益服务者的身份出现。

按照学者贺卫方的研究,在司法中,“父母官”的角色意识,首先体现在州县官员与诉讼当事人居于极不平等的地位上。这些官员在知识上和身份上处于优越的地位,并且他们由于在儒学方面有修养,在道德上也自命不凡。科举考试,可以使一介布衣一夜之间变为卿相,这种社会阶层的转换加强了而并非削弱了一般百姓的自我低贱感。在诉讼过程中,当事人自称“小民”,“小的”,而高高在上坐堂问案的官员则被唤作“老爷”。小民们的最高希望便是求青天大老爷做主,明断是非,昭雪冤屈。在父母官的判决文书中,字里行间都暗藏着当事人与法官之间一方噤若寒蝉而另一方威如雄狮的强烈对比。“父母官”的角色意识,还体现在浓厚的说教色彩,这是法官与诉讼当事人不平等关系的直接延伸,是父母官道德优越感的必然表现。宋代的真德秀在给下属的咨文中就说“至于听讼之际,尤当以正名分、厚风俗为主”。比如当时处理一起离婚诉讼,原告人民妇阿章以其夫患有“蔡人之疾”以及其舅有“新台之丑”为由要求法庭准予其离婚。“蔡人之疾”的典故出自刘向《列女传》，是说古时蔡人身有恶疾，其妻宋女不改其志，宋女之母屡次要求宋女改嫁，宋女均表拒绝，传为美谈。“新台之丑”出自《诗经》，卫宣公替他儿子迎娶媳妇，因贪儿媳美色，遂纳为己有。一般用“新台之丑”暗示翁媳之间有暧昧的关系。父母官的判词说：阿章为朱四之妻，已经结婚八年。“适人之道，一与之醮，终身不改”，何况是八年这么长时间呢。刚结婚时，纵然其夫有蔡人一样的恶疾，阿章也像宋女一样不离开他。如今朱四“目能视，耳能听，口能言，手能运，足能行”，阿章想离婚，这已经失去了夫妇之义。并且，阿章用“新台之丑”污蔑其公公，这是悖乱。“在礼，子甚宜其妻，父母不悦，则出之”，现在阿章既诉讼其夫，则不适宜其丈夫了；又诉讼其公公，则让其公公不悦。事已至此，不能强合。“杖六十，听离。”在父母官这样的判决中，道德教化因素占主导地位，最后根据“正名分、厚风俗”的原则判其离婚。所以说，父母官判决的宗旨是使小民更守本分、更为驯服，而绝不会去启发民众的权利意识。当说教之法失去作用时，父母官往往会走向极端，对某些当事人的人格诋毁与斥责。如在一起佃户地主争地的纠纷中，父母官指责当事人佃户“不念旧恩，嚣然吠主，得陇望蜀，敢觊并吞”。

不过，话说回来，历史中也是存在一些真正的“父母官”的。如清乾隆时，福建人李梦登被任命为浙江孝丰知县。李梦登为官期间“门不设阍，出无仪卫”。老百姓见知县本来要通过胥吏传达，李梦登说：“知县为民父母，哪有儿女见父母需要传达的。”于是，对于有碍百姓见官的胥吏“悉罢遣之”。百姓有事，可以直入大堂面见县官。李梦登耐心处理百姓之间的纠纷，可以调解

《列女传》蔡人之妻书影（摘自《新镌增补全像评林古今列女传》，明万历年间余文台三台馆刊本）

的“立为剖解而劝谕之”，使得“两造皆欢”。李梦登还在任内，突然接到省巡抚一纸公文，上级以不懂公文款式为名，劾免了其官职。新旧知县交接时，县衙存储粮谷的仓房和存放银钱的库房，全部都还贴着以前知县的封条，李梦登动都没有动。新任知县官问及牢狱情况，李梦登说：“县民之间的些小纠葛，悉劝平之，不曾动用牢狱。”李梦登要走时，百姓送“万民伞”给他，以表彰其清廉，为民做主。这样全心全力为百姓服务，而不凌驾于百姓之上的官员，算是对“父母官”这个词在积极层面上的阐释。

不管怎么说，“父母官”所代表的政治理念与精神是中国传统社会的形态，与建立民主、自由的政治理念形态不合。不管是孙中山设想的三民主义政治理念，或是中国共产党建设的社会主义政府，从精神上都强调政府权力来自人民，而非凌驾在百姓的头上，做百姓的“父母官”。不幸的是，中国近代以来的实际情况是，官员心中有强烈的“父母官”意愿，不管百姓喜欢不喜欢。中国贫困地区经常发生由政府导演的百姓赠送官员“万民伞”的事件，以及为县委书记树立“功德碑”事件。有学者说，随着“万民伞”、“清官旗”的祭出，大概除了魏忠贤立生祠之外，各种古老的政治感恩戴德形式，都仍在当代中国粉墨登场。在中国任何一个地方，几乎都存在着感戴“好官”、“好政府”或者“好政策”的回响。感戴作为一种基本的感情，被视为民众知恩图报的正当表现，被视为民众对其管理者理当具有的态度。然而，痛恨、漠视和感戴，三种被模式化了的情感，显示了民众处于被管理地位的现实，他们被说成是国家和社会的主人，但国家和社会管理仿佛不是他们的事。毫无疑问，官抚有民、民感戴官的关系，不是现代官民关系的体现，不是现代政治应有的图景。主权在民的政治之中，不会产生抚有和感戴的关系。

七 选贤与能

2004 年冯小刚导演的电影《天下无贼》中一句台词“21 世纪什么最重要？人才！”让人们喜不自禁。对人才的重视，是当今世界上任何一个国家都不会忽视的。在中国传统思想中，对人才的重视通过“选贤与能”的观念体现出来。

在古代，明确提出“尚贤”这一概念的是墨家，墨子在《尚贤》中说：“尚贤，为政之本也。”不过，尚贤的思想不是墨子最先有的，在更早已经产生了尚贤的思想，禅让制就体现着选贤与能的思想。“选贤与能”正式出现在《礼记》中，《礼记·礼运》说：“大道之行也，天下为公，选贤与能，讲信修睦。”

圣明的君主非常注意从贵族、平民甚至奴隶中选取有才能的人加以重任。《论语》中提道：“汤有天下，选于众，举伊尹。”伊尹名挚，因为其母亲在伊水住居，所以以伊为氏。伊尹为中国商朝初年著名丞相、政治家，尹是右相之意。据说他出仕前，曾在“有莘之野”躬耕务农。传说他为了见到商汤，使自己作为有莘氏女的陪嫁之臣，利用向商汤进食的机会向商汤分析天下形势。商汤很欣赏他，便取消了伊尹奴隶身份，并提拔他为宰相。太甲即位时昏庸无能，伊尹把太甲流放到桐地三年之久，并摄政管治国家。直到太甲后悔了，才把他迎回复辟执政，使太甲变成了一位圣君。另外，商朝后期的帝王武丁也将傅说从版筑中解救出来委以重任。传说傅说为傅岩筑墙的奴隶，武丁做梦要得圣人，名字叫说，需要在朝廷之外寻找。武丁在傅岩找到了傅说，举以为国相，因此国家大治。总之，《孟子》中所列的：“舜发于畎亩之中，傅说举于版筑之中，胶鬲举于鱼盐之中，管夷吾举于士，孙叔敖举于海，百里奚举于市。”这些都是选贤与能的例子。

伊尹像（摘自郭磬、廖东编《中国历代人物像传》，济南：齐鲁书社，2002 年）

管仲是一位著名思想家，在做齐相时，帮助齐桓公做上春秋第一霸主。管仲非常重视人才，他说：

“夫争天下者，必先争人。”“凡人君所以尊安者，有贤佐也。”能争得天下最重要的就是靠贤才辅佐。他下令地方官从下而上推荐人才，说：“于子之乡，有居处为义，好学聪明，质仁，慈孝于父母，长弟闻于乡里者，有则以告。有而不以告，谓之蔽贤，其罪五。”意思是说，在地方官治理的范围内，看到平常很仁义，好学聪明，对父母孝顺，对兄弟恭敬的人，必须举荐，如果不举荐，就是蔽贤，国家要治地方官的罪。求贤若渴到这样的地步，真是古今少见。除了在齐国国内寻找贤才，他还派人周游列国招贤纳才，《管子》中说他游说桓公派遣“游士八千人，奉之以车马衣裘，多其资粮，财帛足之，使出周游于四方，以号召收求天下之贤士”。

提出“尚贤”的墨子认为：“归国宝，不若献贤而进士”，国家最重要的宝贝也不如人才重要，墨子把人才看成“国家之珍，而社稷之佐也”。为什么要这么重视选贤与能？墨子用布料在不同颜色的染缸里漂染就会变成相应的颜色为例来说明，他说：一个国家也好，一个人也好，都要重视自己身边的环境，国君任用良臣，即受良臣所染，故国能昌；用了恶臣，即受奸臣所染，故国灭亡。墨子认为“尚贤”是“为政之本”，他说：“国有贤良之士众，则国家之治厚；贤良之士寡，则国家之治薄。”一个国家的实力与有没有贤才关系很大，贤才的多少决定着国家实力的厚薄。一个国家之所以“不得富而得贫，不得众而得寡，不得治而得乱”，是因为当政者不能“尚贤事能”而任人唯亲，“其所富，其所贵，皆王公大人骨肉之亲”。墨子主张当政者要亲近和放心使用贤人，“入国而不存其士，则亡国矣。见贤而不急，则缓其君矣。非贤无急，非士无与虑国”，如果一个国家不保存贤人之使，则国家必定灭亡。见到贤人而不急于求其辅佐，君王就是懈怠之人。墨子强调“夫尚贤者,政之本也”。尚贤是为政者的根本之道。墨子打比方说,王公大人们都知道一个道理:做衣服必须找好的裁缝,杀牛羊必找好的屠夫,为马治病必找良医,修理弓箭必找良匠。王公大人们知道,那些有骨肉之亲,无故富贵的人,没有这方面的技术,因而并不会让他们去做这些事情,因为让他们做只会败财。王公大人在小事上可以如此严谨,但在治理国家这件大事上却马马虎虎,随便把国家交给骨肉之亲,无故富贵之人。这些人并无治国安邦之才,让他们治理国家,正是导致国家之乱的根本原因。所以墨子感叹,王公大人们对其国家,还不如对一匹病马、一件衣裳、一头牛羊之财,是多么糊涂啊。

“尚贤”与选贤与能的观念从中国早期就很受重视,因而在后世的历史中也形成了广泛的影响。如汉代时汉武帝在其《求贤诏》中说:“盖有非常之功,必待非常之人”,汉武帝建立和完善了察选制、征召制等,兴办太学以培养人才。到了东汉建立,因刘秀起兵于南阳,朝中任用的大量的南阳文吏,形成一种势力。一个大臣进言:选补众职,应该选天下贤才,不宜专用南阳人。刘秀采纳了此建议,扩大选贤与能的范围。三国时期,由于争夺天下的需要,曹操三下求贤令,“为国失贤则亡”,提出“唯才是举”的思想。诸葛亮也讲:“治国之道,务在举贤。”选贤与能如此重要,就算比较昏庸的皇帝隋炀帝也下诏说:“自古明君哲后,立政经邦,何尝不选贤与能,收采幽滞。周称多士,汉号得人,常想前风,载怀钦伫。”表示要选贤与能,学习周朝与汉代。

以上只从理念上讲述了中国历代对于选贤与能重要性的强调与体现,其实每个时代都有一套具体的方法去选拔人才。比如在汉代察选制、征召制与学校培养并重,魏晋时期主要采用人物品鉴的方法，从隋代开始，国家逐步建立起规范的考试制度，科举制度从唐代完善一直经历宋、元、明、清，为选举贤才起到了重要的作用，选贤与能的形态也发生了变化，规范在特定的制度之中。当然，科举制度从明代以来受到了很多诟病，士人在严格的考试制度之外很难依据自己的才华而被破格提拔，也是制度于选贤与能的弊端吧。

八 红颜祸水

中国传统中有“红颜祸水”的说法。“红颜”特指女子美丽的容颜，也可指代美女。清代吴伟业《圆圆曲》中就有“恸哭六军俱缟素，冲冠一怒为红颜。”“祸水”单独为另外一个词。旧题汉代伶玄的《赵飞燕外传》中说汉成帝宠幸赵飞燕的妹妹美女赵合德，在宫中任教授的淖夫人在皇帝背后唾骂：“此祸水也，灭火必矣！”根据五行学说，汉代是以“火”德而建立，这里说赵合德得宠将使汉亡，就像“水”能灭“火”，所以叫“祸水”。后来就以“祸水”称惑人败事的女子。这样，“红颜”就和“祸水”联系在一起，成为“红颜祸水”。

人们通常认为，那些具有闭月羞花、沉鱼落雁容貌的女人，都会带来灾祸，对历史的兴衰、王朝的更迭起了重要作用。有人认为她们是王朝灭亡的主要原因，有人认为她们是王朝灭亡的催化剂。人们一边赞叹美女的花容月貌，另一方面又对这种美丽的红颜心存恐惧。一个政治男人身边有红颜，这个男人会做错事，并且做错事的原因一定是他身边的这个女人造成的。这种想法的根源大约来自孔子《论语》中的“唯小人与女子难养也”。

在历史上，这样被称为“红颜祸水”的女人很多，如妲己、赵飞燕、杨玉环与陈圆圆等。

中国最有名的“红颜祸水”要数妲己。司马迁《史记》中说，妲己在祸乱了商纣之后被周武王所杀，将头挂在小白旗上示众。《封神演义》沿用史书中的说法，周武王令刽子手斩妲己，因为妲己太娇媚，刽子手都不忍心下手。换了一个刽子手，刽子手甚至愿意替妲己而死。姜子牙用照妖镜照出妲己的本相是个九尾金毛狐狸，刽子手才手起斧落斩了妲己。后世的人劝谏位高权重的人警惕女色时，都要历数妲己的教训。如蔡东藩的《南北史演义》讲述高颎在杀张丽华的时候说：“昔太公灭纣，尝蒙面斩妲己，此等妖妃，岂可留得？”于是就将张丽华斩首。这样看来，妲己确实是“红颜祸水”，后代也该以此为鉴。然而，《世说新语》中孔融却说，周的大军进入朝歌以后，武王将妲己送给了周公，让妲己成为周公的侍姬，好好服侍周公，周公就能更好地治理天下。明代梁辰鱼的《浣纱记》中，越王勾践打败武王夫差后，很感谢范蠡，就把西施叫来，对范蠡说：“现在把西施送还给你了。”范蠡有些推托。勾践就讲：“以前武王灭纣之后，把妲己赐给周公，也算是一桩美事。”

同样是妲己的事情，却有两种完全不同的说法。

“红颜祸水”说法产生的原因，主要有两个。

其一是历史与小说的叙述。

如赵飞燕与赵合德，《汉书》中所讲的事情是：成帝突然暴病身亡，有人说成帝傍晚还好好的，第二天早晨，成帝想穿衣服起床，却不能穿了，也不能说出话了，没多久就驾崩。成帝的突然死亡引起朝野猜疑，一时间议论纷纷，都归罪于赵合德，说是她纵欲无度而导致了皇帝的死亡。皇太后下令大司马王莽、大司空等朝廷官员组成调查小组查明成帝死因，赵合德知道自己难脱干系，就自杀了。赵飞燕在成帝死后被尊为皇太后，但一个大臣上书新皇帝，提出一个“赵飞燕姐妹谋害成帝两个亲生儿子”的案件，说是成帝宠幸了一个宫女和一个美人，她们生的孩子都被赵飞燕姐妹害死了。最后，赵飞燕被逼得走投无路而自杀。这是史书中的叙述。到了小说《赵飞燕外传》，已经完全改变了《汉书》中的情节，不再指责她们是灭龙种的罪魁祸首，而是讲了两个人怎么在皇宫专宠、争风吃醋和淫乱，指责她们为祸后宫。此后的《赵飞燕别传》、《昭阳趣史》则详细描述了赵飞燕经常用小牛车拉年轻人进宫和她通奸，结果被皇帝发觉，起了严重的后果。又增加了赵飞燕假怀孕骗皇帝的情节。这些故事与前边的故事虽然有些不同的侧重，但思路却是一脉相承：赵飞燕、赵合德就是祸水。其实《汉书》中记载的赵飞燕姐妹罪状是一场冤案。历史学家指出：赵飞燕姐妹出身卑微，她们依靠汉成帝的色令智昏而获得身份与地位。不过，成帝在世时虽然给了她们的家人封侯，但并未给他们任何实质性的权力，在朝廷中根本无法形成盘根错节的权力网络。这与王莽外戚集团相比实在是不可同日而语。赵飞燕姐妹平日盛气凌人，不知检点，树敌太多，与其他外戚、嫔妃之间积怨太多。成帝一死，她们立即陷入孤立无援的困境。宿敌们一齐出来向赵飞燕姐妹攻击。大臣提出的谋害龙种案件只有人证没有物证，但她们却完全没有辩护的权力。赵合德明白这点，只能自杀。赵飞燕勉强多活了几年也自杀而死。然而，赵飞燕姐妹却在历史叙述与小说叙述中被塑造成“红颜祸水”的形象。

中国最典型的“红颜祸水”要数杨玉环与陈圆圆。杨玉环入宫之后的所作所为都在歌舞玩乐、极尽奢华的享乐上。唐代当时比较强盛，奢华之风蔓延整个社会，奢华不算什么。年老的唐玄宗此时也内心懈怠，一味宠爱她而疏于朝政，同时为了讨好她而让安禄山与杨国忠青云直上。杨玉环是一个对政治丝毫不感兴趣的人，她没有为了让哪个人升官发财而故意操纵皇帝。然而马嵬兵变时却被迫自裁。学者考证，兵变的目的在于除去杨国忠。逼死杨贵妃，一方面在于解除贵妃秋后算账潜在的危险，另一方面在于贬损、打击玄宗的尊严，让玄宗知道自己无能为力应该让贤。不过，各种历史、小说与诗歌渐渐将杨玉环描述为“红颜祸水”。如白居易《长恨歌》“春宵苦短日高起，从此君王不早朝”让杨玉环定格为“红颜祸水”的角色。

杨玉环像（摘自《中国历代名人画像谱》，福州：海峡文艺出版社，2003 年）

同样，吴伟业的长诗《圆圆曲》“恸哭六军俱缟素，冲冠一怒为红颜”一锤定音把陈圆圆塑造成“红颜祸水”的形象。

“红颜祸水”说法产生的第二个原因是男人的心理。

《东周列国志》中，楚庄王灭了陈国，看到夏姬姿色妍丽，语言文雅，当即心志就迷惑了，跟诸将说，他的楚国后宫佳丽虽多，但是能比得上夏姬的几乎没有，就想纳了夏姬为妃嫔。手下大臣力劝他不可如此，楚庄王忍住了，但他说：“你说的很对，寡人不敢纳她了。只是此妇世间尤物，若再经寡人之眼，必然不能自制。”楚庄王也一不小心说出了男人的心理：尤物从面前经过，最怕的是自己不能自制。

花蕊夫人点明了“红颜祸水”背后的男人心理。花蕊夫人是五代十国时期后蜀后主孟昶最宠爱的妃嫔。因她喜欢芙蓉花和牡丹花，孟昶就命官民在都城大量种植。后蜀被赵宋灭国时，花蕊夫人写下：“君王城上竖降旗，妾在深宫哪得知。十四万人齐解甲，更无一个是男儿。”人们都说花蕊夫人是“红颜祸水”。然而，花蕊夫人却道出了问题的根本所在：男人的错，为何要埋怨女人呢？

因而可以说，“红颜祸水”只是一个有关倾国倾城的美丽谎言。人们不辨是非，或者怀着男性中心主义的想法不愿去分辨是非，这个观念从古至今大行其道。

九　富而教之

孔子到卫国去，孔子的弟子冉有替他驾车。孔子说：“人口很多啊！”冉有问：“人口既已众多了，再怎么办呢？”孔子说：“使他们富裕起来。”冉有又问：“已经富裕了，再怎么办呢？”孔子说：“教育他们。”这段对话在《论语》中，原文是：“子适卫，冉有仆。子曰：‘庶矣哉！’冉有曰：‘既庶矣，又何加焉？’曰：‘富之。’曰：‘既富矣，又何加焉？’曰：‘教之。’”

孔子对卫国人众多的现象发出了感叹，就如当下中国已经有十几亿的人口，成为一个泱泱大国。在有了富足的人口之后，国家的治理者的首要任务是使百姓的生活富裕起来。随着百姓

孔子像(摘自申仁编《故宫旧藏珍宝欣赏》,上海:上海科学技术出版社,2000年)

生活的富裕,如何进一步治理呢?孔子说,当一个国家人民在物质生活得到满足之后,就应当对他们进行教育,道德层面和文化方面的教育,使全社会形成有礼、讲德的风气。

在孔子之前,管仲也提出过“富民”的学说,可以说孔子“富而教之”的思想与管仲的政治学说有一定的渊源关系。管仲的《管子》中说:“凡治国之道,必先富民。民富则易治也,民贫则难治也。”治理国家,首先要使人民富裕,富裕起来就好治理。为什么这样说呢?管仲指出:“仓廪实则知礼节,衣食足则知荣辱。”在富足之后百姓就会懂礼节、知道荣辱,这样当然容易治理。管仲的这种思想与孔子“富之”、“教之”的主张有相通之处。孔子虽曾批评管仲奢侈逾礼,但对管仲的功业却极为推崇,认为管仲“九合诸侯,不以兵车”算是达到了“仁”的要求。孔子“富而教之”的思想很有可能吸收了管仲“富民”的思想,不过,与管仲不同的是,孔子在“仓廪实”、“衣食足”后,不像管仲那样认为就可以“知礼节”、“知荣辱”了,在民众富裕之后,还需要进行道德的教育。

为什么富足起来之后要对他们教育呢?汉代的董仲舒说:“夫万民之从利也,如水之走下,不以教化堤防之,不能止也。”普通百姓对利益的追逐,就好像水向下奔流,不用教化作为堤防就不能阻止。“是故教化立而奸邪皆止者,其堤防完也;教化废而奸邪并出，刑罚不能胜者，其堤防坏也。”因此教化建立了，奸邪的人或事都会得到制止，这是堤防完好的结果；教化破坏了，奸邪的人或事都会出现，用刑罚也制止不了，这是堤防损坏的结果。所以治理天下“莫不以教化为大务”，教化成为首要任务。

百姓富裕起来要教化他们，并非所谓的只对老百姓严格管制，花大批金钱去维持社会表面的稳定。教化百姓，首先要教化的是大批国家治理者们。唐代名臣魏徵就说：“圣哲君临，移风易俗，不资严刑峻法，在仁义而已。”统治者改变国家民风，不在严刑，不在舆论控制，而是在于实施“仁义”。“故非仁无以广施，非义无以正身。惠下以仁，正身以义。”让百姓受恩惠是因为“仁”，而不是其它。国家统治者自己要以义而正身，自己身不正，则很难有资格去教化百姓。如果能“惠下以仁，正身以义”，政治不严酷就会很顺畅，教化不需要整天板着脸宣传而自然就成了。教百姓以礼，则让百姓性情醇厚；使百姓互爱，百姓之间就不会相互伤害；衣食住行心中有道义，就不会积累奸邪之心。如此一来，人们就会明白，并非是法律严令让社会稳定和谐，而是教化所致。

“富而教之”在中国古代是一种重要的思想。比如，在给古代的王公大臣死后确定谥号时，是褒是贬，“富而教之”是参考因素之一。《逸周书》谥法中讲“合民安乐曰康，富而教之”。如果王公大臣能使百姓安乐，富而教之，就可以谥号为“康”。比如周武王少弟康叔的谥号就是“康”。周武王灭商后，把同母的幼弟姬叔封在康这个地方。武王死后，成王即位，因年幼，由周公摄政。三监管叔、蔡叔和霍叔不服，勾结商纣王后裔武庚和东方夷族反叛，后被周公平定之后，大规模地分封诸侯，把原来商都周围地区和殷民七族分封给当时素负贤名的姬叔统治，并改封为卫君。康叔把卫国治理得很好，声誉日益上升，到周成王亲政时被举为司寇，权位高于其他诸侯。他死后谥号为“康”。此后“康”就成为爱护百姓、富而教之的人才能用的谥号。

中国的正史中屡屡提到“富而教之”的重要性。如《汉书·食货志》中就说：“殷周之盛，《诗》、《书》所述，要在安民，富而教之。”《晋书》中武帝诏曰：“农殖者，为政之本，有国之大务也。虽欲安时兴化，不先富而教之，其道无由。”《隋书·食货志》中也说：“圣王割庐井以业之，通货财以富之，富而教之。”

在中国最著名的农书贾思勰的《齐民要术》中，贾思勰在序言中就引用《汉书》中的说法“要在安民，富而教之”来确定农业思想。“要在安民，富而教之”在中国古代来说，尤其体现在国家对农业的重视上，因此贾思勰强调富民且教之的重要性。

宋代欧阳修说：“为政与设教者迟速异宜也。”欧阳修认为，古人就曾说“为政”与“设教”二者功效迟速不同。立定时日限制来督促人们奔走从事，考核其功过而以赏罚来鞭策他们，这是“为政”之法，因此政事可以迅速取得成效。至于“设教”，其任务是鼓励善行、兴举教化，崇尚贤能、激励风俗。教化普及于人相对缓慢，但影响人心深远，收效相对迟延，但功效长久，因此经常显得缓而不迫。遗憾的是，官员追求短期的政绩而教化日衰，纯粹利益的诱惑而不加节制，会让社会风气迅速败坏，就像顾炎武所说：“百年必世养之而不足，一朝一夕败之而有余。”

“富而教之”对当今的中国尤为重要。中国近二十年社会风气迅速败坏，与没有实行“富而教之”有很大关系。当今社会已经变成一个“天下熙熙，皆为利来；天下攘攘，皆为利往”的功利社会。中国人口不可谓不众多，物质生活不可谓不丰富，按大儒孔子的教导，也应该是“教之”的时候了，关注人的生命价值与探讨人的道德本真成为势在必行的事情。不过，对现在的中国来说，最重要的是：到底以什么价值观来教导百姓？

十　半部《论语》治天下

中国大多数朝代都是以儒家观念为主来治理国家，而儒家观念集中体现在“四书五经”中，在“四书五经”之中，《论语》当然是最原本、最精华的儒家思想体现。因而，就有“半部《论语》治天下”的说法。

“半部《论语》治天下”的说法与宋代的名臣赵普有关。赵普在赵匡胤没有做皇帝时，两人关系就很好。赵匡胤黄袍加身做了皇帝后，让赵普做了宰相。赵普读书不多，为了让自己在有限的时间内学到最精要的治国思想，赵普只能精读典籍。宋人罗大经的《鹤林玉露》记载，宋太宗与赵普聊天时问赵普：“有人说你只读一部《论语》，是这样的吗？”赵普说：“臣所知道的，确实都超不出《论语》中所讲的。过去臣以半部《论语》辅助太祖平定天下，现在要用半部《论语》辅佐陛下使天下太平。”《宋史》中也讲，赵普每次回家，都关上门从书箧中取出书来读，第二天临朝时，处理政务总能如行云流水一般。等赵普死后，家人翻开书箧来看，里边只有一部《论语》而已。

赵普熟读《论语》，以儒家最精华的精神来处理各项国家事务，因此做出很多对后世影响很大的事情。赵匡胤建国之后，忧心忡忡，不知如何处理重臣武将的兵权问题。《五朝名臣言行录》中记载，太祖赵匡胤问赵普：“天下从唐代末期以来，数十年

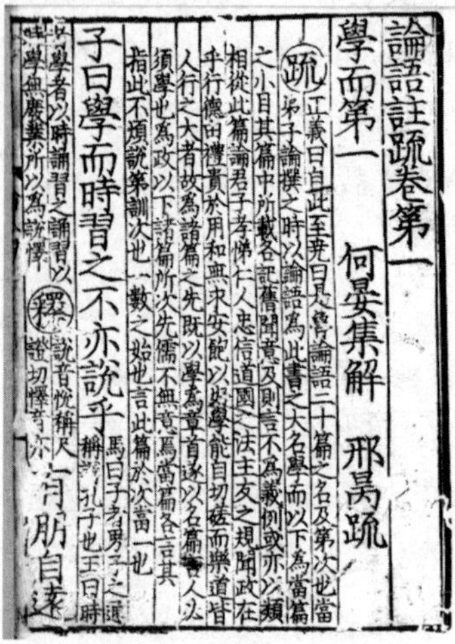
論語註疏卷第一
學而第一 何晏集解 邢昺疏
疏 正義曰自此至堯曰是魯論語二十篇之名及第次也當弟子論撰之時以論語爲此書之大名學而以下爲當篇之小目其篇中所載各記舊聞意及則言不爲義例或亦以類相從此篇論君子孝悌仁人忠信道國之法主友之規閒政在乎行德由禮貴於用和無求安飽以好學能自切磋而樂道皆人行之大者故爲諸篇之先既以學爲章首遂以名篇言人必須學也爲政以下諸篇所次先儒不無意焉當篇各言其指此不煩說第訓次也一數之始也言此篇於次當一也
子曰學而時習之不亦說乎 馬曰子者男子之通稱謂孔子也王曰時者學者以時誦習之誦習以時學無廢業所以爲說懌 釋 說音悅 懌音亦
有朋自遠

《宋本论语注疏》书影（摘自中华学艺社珂罗版影印日本宫内省图书寮藏宋刊本，1929 年）

间，帝王换了好几轮，兵革不息，苍灵涂炭，什么原因呢？我想止息天下之兵，让国家长治久安，怎么做呢？”赵普说：“战争不止，国家不安，没有别的原因，大臣节度使兵权太大，君弱臣强而已。要想维持统治，没有别的窍门，只有夺其权，收其兵，天下自然安定。”话还没说完，太祖就说：“你不用说了，我已经明白了。”此后就发生了“杯酒释兵权”，赵匡胤解除大将兵权，让他们颐养天年。这成为中国历史上处理开国功臣最成功的范例，不是像朱元璋那样杀戮功臣，而是采取温和的方法解决了开国功臣对皇权的潜在威胁，在“杯酒释兵权”中，君臣也开诚布公地谈论了各自的心思。

不过，也有另一种说法，“半部《论语》治天下”只是一个夸张的说法，赵普为什么躲在房中看书呢？《鹤林玉露》中有一条说：杜甫有句诗叫“小儿学问只《论语》，大儿结束随商贾”，意思是《论语》那个时代只是为儿童启蒙的读物。赵普官至宰相，但读书不多，再读《论语》有悖常理，只好躲起来看。当然，这种说法只是一种推测。

学者邹纪孟指出，“半部《论语》治天下”是后世产生的，赵普生前及整个北宋，没有这样的说法。这种说法真正流传开来是在元朝。因为元朝是蒙古人统治，对儒家学说表示了极大的蔑视。满腹经纶的儒生，地位相当低下，基本没有任何机会治理天下。元代高文秀的杂剧《遇上皇》中出现了这样的话："每决大事，启文观书，乃《论语》也，此时称小官以半部《论语》治天下。""半部《论语》治天下"的说法才正式出现。元杂剧中的台词，既是地位低下的儒生们对前朝文人地位的向往，对自己学问的一种自负，也是向当朝执政者的一种自我推荐。由于这句话极大地夸张了《论语》的功能，得到了那些能将《论语》倒背如流的儒生们的普遍欢迎，且杂剧是一种通俗文艺形式，所以广泛地流传开来。

虽然"半部《论语》治天下"这个说法有这样具体的背景，但抛开细节问题，《论语》代表的儒家思想确实对中国的政治治理起到了重要作用，中国历代君臣为政的观念基本都是建立在儒家思想的基石之上。所以，从广泛意义上来说，认为《论语》在为君为臣时可从中借鉴政治智慧则未尝不可。

如司马迁在为政治的执行者酷吏作传的时候说：

> 孔子曰："导之以政，齐之以刑，民免而无耻。导之以德，齐之以礼，有耻且格。"……太史公曰：信哉是言也！法令者治之具，而非制治清浊之源也。

单纯依靠法令是不能让社会安定的，只有"导之以德，齐之以礼"才是"制治清浊之源"。

又如蔡泽劝说范雎退出秦国相位，就用《论语》中的思想来作为理论武器。范雎是秦国历史上非常重要的人物，本来默默无闻的蔡泽想通过辞令让赫赫有名的秦相让出相位，他说："语曰'日中则移，月满则亏'。物盛则衰，天地之常数也。进退盈缩，与时变化，圣人之常道也。故'国有道则仕，国无道则隐'。圣人曰'飞龙在天，利见大人'，'不义而富且贵，于我如浮云'。今君之怨已雠而德已报，意欲至矣，而无变计，窃为君不取也。"蔡泽先是劝告范雎物极必反，荣华显达到了顶峰就会有沦落的危险，并且用《论语》中的话"国有道则仕，国无道则隐"与"不义而富且贵，于我如浮云"分析了范雎身处的环境，并应该如何行动。范雎听后连连称善，奉蔡泽为上客，不久向秦昭王请辞，并力推蔡泽为国相。

《史记》太史公赞张良时说：

> 学者多言无鬼神，然言有物。至如留侯所见老父予书，亦可怪矣。高祖离困者数矣，而留侯常有功力焉，岂可谓非天乎？上曰："夫运筹策帷帐之中，决胜千里外，吾不如子房。"余以为其人计魁梧奇伟，至见其图，状貌如妇人好女。盖孔子曰："以貌取人，失之子羽。"留侯亦云。

司马迁在张良的传记最后总结说，张良遇到神秘的老人授予他兵书，这样的事情很奇怪啊。不过，刘邦数次有难，张良都在关键时刻解救，难道真有天意？太史公司马迁说自己想像着张良应该是魁梧奇伟的人，但看到画像才知道，张良原来像女子一样文雅，不禁感叹孔子所说的"以貌取人，失之子羽"。什么叫"以貌取人，失之子羽"？《史记·仲尼弟子列传》中有解释：鲁国人澹台灭明,字子羽,相貌丑陋,孔子开始看到不太愿收他作学生,后勉强收之也不是很重视,子羽离开后仍以孔子为师,发扬孔子的学说,培养弟子,孔子这才发现子羽是难得的好学生,就感叹:"以貌取人,失之子羽。"司马迁如是说,是以孔子的话来赞扬留侯张良神伟之才。

拿《论语》是否可以治理天下,当然仍是一个值得争论的问题。不过,《论语》对于当今的时代仍非常具有意义,当下国学热的兴盛就可见一斑,当政者都应该从《论语》中吸取政治智慧。

第三章 人生观念

一 有教无类

“有教无类”，这句话是孔子说的，出自《论语·卫灵公》，钱穆将这句话翻译成“人只该有教化，不再分类别”，用今天的话说，不论何等出生身份的人，都有接受教育的权利。

我们都知道，《论语》这本书主要记载孔子的言论，这些言论并非如今天教师的讲义厚厚一沓，而只是夫子的只言片语，虽然这些话弥足珍贵，但不了解当时的政治制度、社会习俗，以及重大政治和军事事件、人物活动及性格等，对夫子的这些格言名句就不容易理解。就“有教无类”这句话来说，在《论语》里也是没有上下文的语境可供参考。如果再用我们今天受教育的感受来说，我们知道每个人受教育的权利已经受到了法律的保护，孔夫子当时为何会说这样的话？其实，我们现在每个人都有受到教育的权利，也是夫子开创的教育制度。

在孔子之前，学校制度经由夏到周三朝的演变，已经很完善了，但是这些学校招收的学生都是当时的贵族子弟。西周时期，学校主要有国学和乡学两类。其中，国学分大学（读为太学）和小学两级，乡学则以庠、序、校等构成。我们后来称学校为庠序，即起源于此。这些学校招收贵族子弟作为学生，学习的内容，到了西周后期，是以礼、乐、射、御、书、数为主的“六艺”。这“六艺”实际上是当时贵族要具备的六种技能，并与当时的政治、军事密切相关，学会了这些，就能参与国家的治理，具备了军事指挥的才能，以及出使其他诸侯国，擅长外交辞令等。这些学校的老师都由有学问的年长者担当。大学里的老师多数由退休的、有学问且有德行的官员担当。当时，国家也规定了学生的入学年龄，包括每年各个时间段学习的内容等。但是，因为这些学校只是针对贵族开设的，所以，有很大的局限性。

到了春秋时代，很多早期贵族的后裔渐趋衰落，这些子弟没有能力进入国家的学校；同时，也有一些新出现的富家子弟，因非贵族血统，还不具备进入国家学校的资格，但这些人即后来“士”的群体，他们也要求有受到教育的权利。这是不同于国家官学的私学兴起的主要原因。孔子招收学生，开办私学，适应了这些新起的求学者的要求，也开了中国私学传授的先河。

大概在孔子三十岁的时候，他就开始设私学，并招收学生。如果说他招学生有个标准，这个标准就是“有教无类”。据说他一生招收过三千多学生，其中著名的有七十多人。这么多的学生从四面八方、各个诸侯国来见孔子，并愿意跟随孔子学习，一是说明孔子的学问很大，另一点则说明了孔子对学生入学前的身份、从事的职业等，是没有特别的要求的，甚至有父子都是孔子弟子的。在《论语》有一句孔子自述的话，他说只要交了学费的学生，他都会用心去教的。那时候的学费是用“束脩”代替的，束脩就是干肉。司马迁的历史巨作《史记》专辟一卷，记叙仲尼（孔子的字）弟子的事迹。这篇孔子弟子的列传，可使我们大体了解孔子弟子的情况。

孔子的这些弟子，身份不尽相同，但这并不影响孔夫子收取他们、培养他们。《史记》中说冉雍（字仲弓）的父亲是“贱人”，这里应该理解为地位低下的人，但孔子没有因此而拒绝招收仲弓为弟子。仲弓和孔子的另一个弟子冉耕（字伯牛）都是鲁国人，并且是同宗。《史记》里没有提到伯牛家世如何，或许较仲弓之家殷富。冉伯牛和仲弓在孔子的弟子里都以德行闻名。孔子弟子里以德行闻名的有四人，分别是颜渊、闵子骞、冉伯牛、仲弓。这说明孔子对仲弓的评价是非常高的。孔子曾说过：“犁牛之子骍且角，虽欲勿用，山川其舍诸？”这里的犁，是杂色的意思；骍，是赤色的意思；角，指其牛角长得周正。杂色的牛是普通的耕地用牛，但是纯赤色的牛可以用来作为祭祀的牺牲。孔子的意思是说，杂色之牛所生的牛符合祭祀的标准，虽然不打算用它作为祭祀的牺牲，但是神灵能舍弃它吗？何晏解释这句话说，虽然仲弓的父亲不善，但并不影响他的儿子具有德行。

钱穆解释“有教无类”时，对孔子门内弟子有个简要的述评，他说：“人有差别，如贵贱、贫富、智愚、善恶之类。惟就教育言，则当因地因材，掖而进之，感而化之，作而成之，不复有类。孔门富有如冉有、子贡，贫如颜渊、原思，孟懿子为鲁之贵族，子路为卞之野人，曾参之鲁，高柴之愚，皆为高等弟子，故东郭惠子有‘夫子之门何其杂’之疑。”钱穆这段话说，在孔子的时代，有贵族和平民的贵贱不同，有财富的多寡的不同，有聪明人和蠢笨人的不同，以及人有善良和邪恶的区别，但是在面对教育时，人都是平等的。作为老师，不应该挑选学生，而是应该因材施教，引导这些学生学习有用的学问，并通过学习而养成一颗善良的心。儒家教育的最高目的就是引导人向善，善良且能致用，就是儒家所宣扬的成圣的重要标准。

钱穆在这里所列的孔子弟子都很有名气，但是他们有的身份不同，如孟懿子是鲁国的贵族，而子路只是卞地的村野之人，但我们知道，子路这个人心地刚烈，向善不苟，孔子见了卫国夫人南子，他就很强烈地反对他的老师；当孔子要去应一些小国的召请时，他也直言不讳地表示自己的想法，阻止老师前去。钱穆所列的贫富不同的学生里，富有的学生是冉有和子贡。其中，冉有在政事科中排名第一，而子贡在言语科中列居第二名。子贡晚年见用于鲁国，因此，能将德政施之于民，因此，陈子禽说他比孔子还"贤"。子贡听到之后说，孔子的学问犹如登天之难于企及，自己也只是窥得门墙，还不足以登堂入室呢。从这件事上可以看出，子贡不仅富有，且有德行，且非常自谦，而不倨傲。在贫穷的学生里，颜渊和原思都很有名，其中，颜渊是最有名的，他能够安然在贫困的生活之中，一心追求德行和学问的快乐，孔子说他"一箪食、一瓢饮"，而不改其乐，是对他的学问、行为的最高表彰。颜渊早于孔子去世，当鲁哀公问孔子哪个弟子最贤，他答复说颜渊最贤，但是已经死了，现在没有人这么贤了。在孔门弟子中，像子路较为鲁莽、高柴较为愚笨，都为孔夫子所不弃，收为弟子，并且

颜回像（摘自申仁编《故宫旧藏珍宝欣赏》，上海：上海科学技术出版社，2000 年）

这些人在孔子的教诲下，有所成就。从这一点上看，孔子不仅能够做到"有教无类"，而且能够"因材施教"，指导学生有所成就。

因孔子将"有教无类"设为招收学生的标准，所以，后代很多人为标举自己的名师身份，也采取这样的标准来招收学生。但我们知道，孔子是一个很全面的教师，他能够教给学生当时的通行的所有学问，也就是"六艺"，这"六艺"不仅有政治文化方面的礼、乐、书、数等，还有军事方面的射、御等，这军事方面侧重具体的操练，据称孔子也是很擅长的。后代的教师都属于专科老师，教学还应该侧重自己所长一方面为好，否则就会闹出笑话。清人王昶是当时的一代名师，教出不少好学生，但他为了标榜，以及与弟子众多的诗人袁枚相抗衡，只要作诗能用韵且不失粘的人，都招为弟子，乃至吏胥之子、负贩之人，为了博取声名，都去附庸他的门内，他这样的做法，实际上已经远远背离了"有教无类"的准则了。在今天，教师的专业越来越细致，有教无类的应该是"学校"招生的准则，至于教师的"有教无类"是，不应因为学生家长有没有送礼、请吃饭就对学生区别对待。

二　因材施教

"因材施教"是后人对孔子的教育法的总结，意思是说，教师要根据学生各自不同的兴趣、才能，引导他们走向适合自己的成材之道。孔夫子这一教育法，是和他"有教无类"的招收学生准则密切相关的，既然任何学生都可以投到他的门下学习，那么，他就有责任教导他们成材，而不能只是收了"束脩"了事，对学生的学习情况任之不管。事实上，孔子在教学上是非常负责任的，"诲人不倦"也正是他教学的一条重要的原则。

我们在“有教无类”中已经介绍了，孔子的弟子有着身份、贫富、智愚、善恶等的不同，其实这些还只是较为表面的区别，我们知道，这些人还有性格上的差别，孔子在教学的时候，常常依据学生性格的不同来施教，并非一概而论，更不严格地统一成一种学问的标准。但我们知道，了解一个人的性格是非常难的，孔子了解自己的学生，也常常要花去很多时间。他的学生之中，颜渊最贤，也最好学，对孔子的教导又能举一反三，深得孔子的喜欢。但是，孔子对颜渊的了解，是经过很长一段时间的。孔子曾说，他最初看见颜渊听他讲课的时候，只是默默的听，没有任何异议，他就以为颜渊较为愚笨。但他后来发现，颜渊在私下里的言行，颇能发挥孔子的议论，甚至能够举一反三，因此知道颜渊并不愚笨。有一次，孔子问子贡：“你和颜渊，哪一个更强些？”子贡回答说：“我怎么敢跟颜渊比呢。颜渊通过一分学问的学习，就能获知十分学问；而我只能获得二分学问。”孔子听到子贡的回答，也感叹道：“不如他啊。我们两个都不如他啊。”自然，孔子和子贡的话，都包含了很多自谦的成分，但也正说明了颜渊好学并能领悟圣学的工夫，是一般人难以企及的。虽然如此，我们知道颜渊不会以此自负，相反，他会更加谦虚，正如钱穆先生所说，倘若让他自己去评比自己和子贡的学问、德行，他自然要谦虚地说自己不如子贡了。

在《论语》中有很多孔子的只言片语是与考察人物的言行相关的，最为激烈的莫过于他对宰予（字子我）的批评。宰予白日睡觉，被孔子知道了，孔子非常生气，他说：“朽木不可雕也，粪土之墙不可圬也。于予与何诛！”意思是说，腐朽的烂木不能再用作雕刻的木材，肮脏的土墙也不能再粉饰了，对于宰予，还能有什么责备呢！实际上，这是孔子最深切的批评了。孔子并因此而得出一条考察学生的方法，他说："我以前判断一个人的德行，一般听他说的话，就相信了他的行为；现在我有了新的方法，不仅要听他说的话，还要看的行为。这态度是宰予使我改变的。"这也说明孔子对宰予批评之深刻。但我们知道，宰予是孔门里的高足，他在孔门四科里位居言语科的第一名，这是孔子给他的很高的评价。那么，他怎么又受到孔子的激烈批评呢？后代的学者们推测，可能宰予胸怀大志，并且常常说出一些大话，在履行方面却常常疏忽，而这也与他名列言语科的印象相符，孔子发现了他的这一问题，故而在得知他白日睡觉的事后，立刻从这方面训斥他，规诫他。应该说，宰予日后的成就，与孔子的这次教导分不开。同时，我们发现，孔子虽然敦促宰予在行的方面用力，但是，他仍然重视宰予在言语方面的特长，不仅没有限制宰予这方面才能的发挥，而且还引导他向这方面发展，终于培养他成为这方面的优等生，这可谓"因材施教"的典范案例了。

教师通过考察学生的性格、爱好，从而进行"因材施教"，应该说是孔子留给我们的最为宝贵的教育法的财产。在孔子学生里，性格最为鲜明的莫过于子路。《史记》用了很大篇幅来写子路，说他性"鄙"，又"伉直"，意思是说他较为村野，但又性格爽直，据说他还佩戴象征好斗的鸡冠装饰。在他投入孔子门下之前，曾对孔子无礼，孔子却以礼来诱导他，他大为折服，请孔子弟子引导，拜孔子为师。与宰予"只说不做"的性格不同，子路更重视实践，凡事说到做到，而且有时难免急于行事。甚至，他听到一件事要立刻去办，倘若他没有办好，他不能听到另外一件事。孔子发现他这方面的特点，所以常常压制他的激进行为。比如，孔子说他要乘桴浮于海，也就是去东夷之地，他说学生里只有子路适合与他前往。子路闻知非常高兴，他大概就想立刻与孔子上路。孔子就说，没有制造船的木材，怎么去呢。我们读一部《论语》，会发现子路的问题最多，他常常会质疑孔子，大概因此孔子常与他切磋学问，故而对他也特别喜欢。虽然子路的学问、行事能力已经很强，孔子还是有意压制他的过激行为，比如他评价子路的学问“虽升堂但尚未入室”，有人问子路算大臣与否，孔子回答说他只能算作一个“具臣”，意为子路只是做事能称职而已。孔子这样做其实是为了保护子路，因为他推测子路这样过激，而且在春秋这个丧失德行的乱世里，子路的正直、果敢可能会受到排挤，甚至不得善终。但是，子路这样的性格决定了他不仅难以改变，而且最终要为正义而赴死。子路在卫国的蒲邑任大夫时，卫国发生暴乱，国君出逃。子路听说之后，不避危险，进入卫国都城。当守门的子羔告诫他，他进去难免一死，不如逃走时，子路说：“我拿了人家的俸禄，就要为人家赴死。”他入城之后，被抓起来，剁成了肉酱。孔子得知卫国发生暴乱的消息，就说子路不免一死，果然如他所预料的。子路一生正直磊落，直率切急，孔子针对他的性格，引导他善于自我保护，在保护自己的前提下施展自己的

子路像（摘自申仁编《故宫旧藏珍宝欣赏》，上海：上海科学技术出版社，2000 年）

才能，可见孔子对他用心深远。

孔子"因材施教"的例子经常被后代学者所乐道的是，他针对各个学生的不同情况，对他们的同一问题的不同回答。一日，孔子的早期弟子孟懿子问孔子什么是孝，孔子只答了两个字"无违"。孟懿子的父亲孟僖子有贤德，所以送孟懿子跟随孔子学习"礼"，但孟懿子却不能持守父亲的教诲，因此，孔子诫他"无违"二字。后来，孔子担任鲁国司寇一职，主张压制三大家族都城的建制，孟懿子却出来反对他的老师，所以后人也不把他看作孔门弟子。虽然这是后话，但我们不难发现，孟懿子并没有深刻地理解孔子教诲的"无违"二字。

孔子告诉孟懿子"无违"二字，是针对孟懿子的情况发论的，这样诠释的"孝"可能对别人并不完全适合。孔子告诉孟懿子"孝"是"无违"时，恰好学生樊迟在给他驾车，樊迟问孔子这二字的意思。孔子又从樊迟的实际情况作了解释，他说："当父母生时，依据礼来侍奉；当他们死了，就依据礼来葬和祭祀。"樊迟并没有违背自己父亲这样的情况，孔子对樊迟的这种解释将"孝"落到了实处，也符合樊迟的理解范围。因为樊迟这个人可能对学问的理解并不深刻。比如他曾经让孔子教他种植庄稼、园圃，孔子很生气，觉得樊迟没能从学问的更高境界来学习，眼界很窄小。因此孔子在樊迟问孝时，就告诉他这些能履行的具体做法，希望他能从这些实践中体会孝的涵义。

向孔子问孝的不止孟懿子、樊迟二人，孟懿子的儿子孟武伯也曾问孝于孔子，孔子告诉他："父母唯其疾之忧。"意思是，不要因自己所作所为不义而让父母担忧，只需让父母因为自己有疾病才担忧。大概武伯行为骄奢淫逸更甚于孟懿子，使父母不能安心,所以孔子从这个角度告诫他。孔子的弟子子游大概对父母缺少敬意,所以他问孝时,孔子说犬马都能养其父母,人要通过敬以区别牲畜。至于孔子的弟子子夏来问孝时,孔子则告诫他“色难”,也就是作为子女保持对父母的温润的脸色是很难的。这些对孝的不同的解释,都是孔子针对各个学生不同情况而发的,可谓孔子“因材施教”的最为经典的案例。

总之,“因材施教”的重点,不仅是教师发现学生的长处或者才能,而是能够体察学生的性格,从学生的性格入手来教导他、引导他成材。

三　不耻下问

“不耻下问”语出《论语·公冶长》,原文是这样的:

> 子贡问曰:“孔文子何以谓之文也?”子曰:“敏而好学,不耻下问,是以谓之文也。”

端木赐,字子贡,是孔子的弟子。因为他擅长言语,也就是辞令,所以孔子曾告诫他注意“履行”。他这次问孔子的问题,实际上就是从“行”的角度来的,也就是通过考察孔文子的生平事迹,而怀疑他的谥号是否恰当。我国古代统治阶层死后,统治者会根据其生平事迹,议定他的谥号。谥号是人死后所获得的称号,是名副其实的“盖棺定论”,故而有褒贬之意,其实也有勉励后来人向善的意思。一般来说,国君的谥号由礼官议定,臣下的谥号则由朝廷颁赐。孔文子,是卫国大夫,名圉,“文”是他的谥号。根据《左传》的记载可知,起初卫国的太叔疾娶了子朝的两个女儿，妹妹是随嫁。后来，子朝因故逃出宋国。孔圉就让太叔疾休掉子朝的女儿，并把自己的女儿孔姞嫁给太叔疾。但是，太叔疾却把前妻的妹妹诱惑出来，安置到“犁”这个地方，相当于他有两个妻子。孔圉得知后，非常生气，准备攻打太叔疾，是孔子劝他放弃了这个念头。最终，孔圉将自己的女儿要了回来，太叔疾出逃宋国后，孔圉又将孔姞嫁给了太叔疾的弟弟。从这件事前前后后的处理上，都可以说是孔圉这个人行为有亏，说他私德有秽也不为过，因此，子贡质疑他得到的这个“文”的谥号是否允当。孔子回答说：“孔圉做事很勤敏，又好学，不以问及地位低下的人为耻，因此能得到‘文’的谥号。”根据谥法的解释，勤学好问的人被谥为“文”，孔子的解释与谥法相符。其实，孔圉虽然私德有亏，但他在辅政方面还是尽心尽力的。有人问孔子，既然卫灵公无道，为何没有丧国？孔子说到几位大臣辅政的功劳使他没有丧国，首先就提到了孔圉接待宾客方面的能力。而且，我们看到他能够接受孔子的建议不去攻打太叔疾，也说明了这个人是虚心的。

我们既从孔文子的事例上获知“不耻下问”的内涵，可知“不耻下问”不是专门指学业学习说的。《晋书》记载，周光十一岁时见到了王敦，王敦问他：“贵郡还没有大将，谁可以担任？”周光说：“明公既然不耻下问，我私下认为除了我没有别人了。”王敦笑着封他为宁远将军、寻阳太守。后来王敦起兵，反对朝廷，周光带领一千多人去。到了的时候，王敦已经病死了，周光还不知道，还去求见王敦。王应不告诉他，说是有病不能见。周光退下之后想：“现在我从这么远而来却见不到王敦，王敦莫非已经去世了？”马上回去跟他的兄长周抚说：“王敦已死，你为何还和钱凤一起作贼人？”钱凤是王敦手下重要人物，现在王敦一死，起兵反对朝廷的理由就弱了。大家听了都很愕然，晚上就解散众人。钱凤逃走到阖庐洲，周光带人抓了钱凤，送到朝廷赎罪，朝廷就没有治他罪。周光小小年纪竟然能点出王敦“不耻下问”且王敦一点不生气，可见他们都是具有智慧的人。

在日常的生活中，具有尊贵身份的人尤其应该做到“不耻下问”。《晋书》记载，司徒左长史李绩与前燕景昭帝慕容俊谈论以前的太子有八种美德时就说：

> 至孝自天，性与道合，此其一也。聪敏慧悟，机思若流，此其二也。沉毅好断，理诣无幽，此其三也。疾谀亮物，雅悦直言，此其四也。好学爱贤，不耻下问，此其五也。英姿迈古，艺业超时，此其六也。虚襟恭让，尊师重道，此其七也。轻财好施，勤恤民隐，此其八也。

其中“不耻下问”就是其中重要一条。

当然，“不耻下问”对追求学问、新知的学习来讲也非常重要。韩愈的著名古文《师说》中有一段话：“人非生而知之者，孰能无惑？惑而不从师，其为惑也，终不解矣。”意思是说，人不是生下来就全知全能，必然会有不知道的事情和道理，必然会有迷惑、疑问，因此要跟从老师问学，才能解开这些谜团，否则就永远也解不开了。而在选择老师方面，韩愈认为不一定所有的老师都要比自己的年纪大，他认为，有的人虽然年轻，但可能较早就获知了真理；有的人虽然不是全才，但可能对某一方面的专业知识较为精通，因此，问学之时，就不应该仅仅择长者、或者地位高

韩愈像（摘自《中国历代名人画像谱》，福州：海峡文艺出版社，2003 年）

的人来师事，而应该有“不耻下问”的精神。他说道：“古之圣人，其出人也远矣，犹且从师而问焉；今之众人，其下圣人也亦远矣，而耻学于师。”换言之，古代的圣人之所以能够达到圣人的地位，是因为他们能够从师问学；当下的人不能成为圣人，原因则是不肯从师而学，更不肯“不耻下问”。韩愈说，这种“不耻下问”的学风在士人之中少见了，反而不如那些匠人。韩愈是从儒家尊师重道的角度来看“不耻下问”的，他认为要成就学问，不仅要从师，而且要能“不耻下问”。

好的老师不但能教授知识，还会教导学生学会“不耻下问”。《明史》中讲，明代著名学者焦竑曾出任皇长子的侍讲官，也就是给皇帝的大儿子担任讲课教师。皇子的地位都较教师荣贵，不肯屈下，在当时皇家教学中没有学生问问题。焦竑却认为，学生善于提出问题，才能推进学习的进步。因此，在一次课程讲毕，焦竑就慢慢地对皇长子说：“博学与善问，这两方面对学习都有益，如果我有讲得不够清楚的地方，还请殿下明问。”皇子对他的这一做法很称道，但却没有要问的问题。又一天，焦竑又让皇长子提问题，并且说道：“殿下不容易发言提问，难道是担心问错了吗？我讲解的才会有错误，问问题的哪有错误可言。古人都能不耻下问，希望殿下依法于古人。”皇长子又对焦竑大加赞赏，但自己仍然没有问题。大概是皇长子不会提问题，因此虽然觉得“不耻下问”有道理，但苦于自己不会提问。焦竑揣摩到了因由，就在给皇长子讲《尚书·舜典》时，先就文中的一段话提问给皇长子，让皇长子解释。经过这样的反复启迪，皇长子不仅能够很好地回答焦竑的问题，自己也能提问了。焦竑这样的大儒者，不仅教会了皇子具体的知识，还教会了他真正做到“不耻下问”，这是孔子、韩愈等人都强调过的学习的关键。

孔子说过，会的人要能向不会的人提问，博学的人要能向“寡学”的人提问，孔子提倡的“不耻下问”精神受到了后世人的赞扬。《晋书》记载的贤臣王浑就提到过孔子的“不耻下问”。楚王司马玮要杀害汝南王司马亮，公孙宏劝说司马玮：“以前宣帝废曹爽时，就带着太尉蒋济一起以增威重。现在大王要举非常之事，应该找个有声望之人来镇厌众心。司徒王浑一直有威名，三军都信服他，你可以让他跟你一起乘车，这样就有凭借了。”王浑知道了，立刻称自己有病，回到府上让家兵一千余人关门回避司马玮。司马玮也不敢强逼。很快司马玮因为假传圣旨而伏诛被杀。皇帝向王浑咨询各个郡国的民风习俗以及该如何处置，王浑说：“陛下钦明圣哲，光于远近，这实在是周文王咨询大臣，孔仲尼的不耻下问啊。”这里虽是称赞皇帝，但也是对孔子“不耻下问”精神的大力褒扬。

提到“不耻下问”，还应该辨析一件孔子的事。孔子年轻的时候曾担任过鲁国祭祀的助祭工作，他进入祭祀周公的庙后，逢事都问。这件事多被作为今人视孔子“不耻下问”的例子。其实，这种看法是有偏颇的。孔子因为入周公之庙“每事问”，而被当时的人嘲笑，他们说：“孔丘真的知道礼吗？他什么都不知道，都问。”孔子听到这些讥讽的话后说：“是礼也”。孔子的这个回答往往造成歧义，今人加标点时，有人用句号（是礼也。），即理解成了，孔子每事都能下问，正是在祭祀之庙里的礼节。钱穆先生却在这里用了问号（是礼也？），这是一个反问，“那些就算是礼吗？”意思是说祭祀里的程序每每不能符合礼节了，孔子之所以向他们问，是想纠正他们使用正确的礼节。比较来说，钱穆的解释较为合理。孔子是熟知礼的，他曾说过：“我能说夏代的礼，但是杞国不能作为证明（杞国是周朝封的夏国的后裔）；我也能说商代的礼，但是宋国不能作为证明（宋国是周朝封的商代的后裔）。文献不够啊，如果文献够的话，我就能考定这两个朝代的礼节。”通过孔子这谦虚的话里，我们不难得知他不仅熟知周礼，还知道前面两个朝代的礼。他说周代的礼是兼取了前两代的特点，最为丰富，因此他赞成使用周礼。正是因为他熟知礼，而孟僖子送儿子从他学礼。在《论语》里，孔子论礼的话很多，有不少是批评当时的礼节已经不能用旧制的，孔子入周公之庙的每事问，其实是批评之意，不该理解为“不耻下问”。

四　尊师重道

“尊师重道”，意思是尊敬师长，尊重师长所传下来的道理。这里，“师”解释为老师，不难理解。会产生歧义的是“道”，“道”其实不是简单的道理，而是“道统”，如儒家的“道”、道家的“道”等，是古代人发展出来的各种不同的对宇宙、人生、社会的价值观念。仔细地阅读古人有关“道统”的文章，可以发现他们所强调的“道统”不仅各自有所差别，不同的时代、同一时代的不同人的理解也不同。不过，他们对于如何实现社会、人生的真、善与美却是没有区别的。

“尊师重道”的思想最早出处可能是《礼记·学记》，其中说：“师严然后道尊。”郑玄注释说：“尊师重道焉，不使处臣位也。”《礼记》里的意思是说，老师的威严树立起之后，老师所传授的学问才能受到重视、尊重。郑玄的解释则强调了教师的地位，不应该处于从属的“臣下”的地位，而应该尊敬教师，重视学问。“尊师重道”在我国有着悠久的历史传统，很多人的传记里留下了他们能够尊师重道的事迹，其中，“程门立雪”就是其中非常知名的例子。

程颢和程颐兄弟是北宋新儒学的重要代表人物，他们两人也都收了不少学生，杨时和游酢就是其中的两位。据《宋史·杨时传》记载，有一次，杨时有疑问要去请教程颐，于是就和游酢一起前去，那天正下着大雪。他们到时，程颐尚在午睡，为了不打扰老师午睡，两人就站在外边静静等候老师醒来。也不知等了多久，程颐从睡眠中醒来，此时，雪已经下了有尺把厚，两个人也都成了雪人。程颐看见两人如此毕恭毕敬，非常感动，赶紧将他们唤进屋里。程门立雪的故事，最能说明中国古代人对老师的尊重态度，可以说是“尊师重道”一个可贵的例子。然而，“尊师重道”不仅要做到对老师的毕

程颐像（摘自郭磬、廖东编《中国历代人物像传》，济南：齐鲁书社，2002 年）

恭毕敬的态度，更要做到的是，擅长选择老师，以及能够承传老师的学问。

《论语》记载，有人说孔子是个全才，什么都会。他的学生回答说，这是因为夫子擅长选择老师的缘故。孔子自己也说过，人怎么能天生什么都会呢，只是好学才能有所成就。我们知道，孔子拜过很多人为师，比如传说他曾去周朝的首都，拜当时的"图书馆长"老聃为师。孔子曾说："三人行，必有我师焉。择其善者而从之，其不善者而改之。"三个人之中，就有一个能做自己老师的，选择他的长处去学习，而其不好的方面，也可以用来比照自己的过错，而知道改正。所以说，选择老师，跟从老师来学习，是学生日后能够有所成就的重要开始。

与西方的"吾爱吾师，吾更爱真理"不同，中国学术的传统依托师承，也就是说，学生日后在追求真理的方向上，必然是以从老师那里学来的知识作为根基，甚至要与老师的基本态度一致。倘若违反了，有时会被逐出师门。比如孟懿子，因为他反对孔子削弱鲁国三家的势力，后来孔门弟子都不把孟懿子算在内。这样的例子也有比较极端的，如金代的诗人赵秉文起初师从王庭筠，学习苏轼、黄庭坚的诗歌风格，后来赵秉文觉得苏、黄的诗歌章法不如唐诗，故而改弦更张，以唐诗为宗。他的这一改变，就受到当时很多人的攻击，说他与自己的老师争名，是一个师承的叛逆。

"尊师重道"不仅不能背叛师门，还要对有毁誉老师的行为进行反驳，维护老师的声誉与学问。孔子著名的弟子子贡就是这样。子贡比孔子小三十一岁，他是孔子弟子中言语科的代表人物，擅长利口巧辞，却经常被孔子所抑制，但他并不以此为意，反而更加能够维护老师的声誉。当陈子禽问他，孔夫子这么有学问，是跟随哪位老师学习获得的。子贡回答说：先生什么都学习，也没有固定的老师，所以成就了他的大学问。后来，齐国田常发动变乱，并且准备攻打鲁国，鲁国处于存亡危机一刻。孔子说：鲁国是我们的祖国，在这个时候需要你们出去为国家化险为夷。这时，子路请出行谋划退兵，孔子制止他，不让他去。随后，子张、子石也请出行，孔子也制止了他们。在他们之后，是子贡请出行，孔子允许他出行。于是，子贡先后出使齐国、吴国、越国、晋国等当时实力雄厚的四大国，游说非常成功，结果是，吴王夫差大败齐国军队，并且进一步兵临晋国，与晋国交战，但为晋国所败。当此之际，越王勾践又大破吴国，报他当年的亡国之仇。子贡这一次出使，使得当时各国之间的势力关系发生了很大的变化，保存了鲁国，使齐国处于变乱之中，使吴国这个南面的威胁彻底亡国，使晋国强大起来，且使越国称霸天下。因此，子贡在鲁国的地位渐趋显赫。孔子去世之后，有人认为子贡比孔子更有贤能，子贡立刻加以反驳。叔孙武叔曾毁谤孔子，子贡说："这样做是没有用的，夫子是不可被毁谤的。有的人啊，能够达到的贤能，相当于丘陵，是能被逾越过去的。夫子达到的贤能，相当于日月之高，是没有办法逾越的。一个人虽然要与日月决绝，但是这根本不能伤害日月的光芒，只能看到这个人不自量力、不知轻重而已。"由此可见子贡对老师的声誉、学问的维护。孔子死后，弟子们都在坟边为他守墓三年，而子贡却守了六年才离去，也因此可见子贡对孔子教诲之恩念念不忘。

我国古代的学问的传播，一方面是依靠书籍的流传，但更为重要的是师承授受。孔子晚年编定《尚书》、《诗(经)》、《春秋》等典籍，并将它们传授给弟子们。孔子会因弟子们的才能讲授有所不同，故而这些弟子对这些传统经典的接受也不相同。因此，在孔子去世之后，这些弟子中有才能的几个人形成了不同的传授系统。这里似乎出现了问题，学生不能背叛师门，但孔子弟子们的学问又有变化，这是否矛盾呢？其实，说不背叛师门，是在总体的思路、基本态度上秉承师教，但学生要有自己的创新，需要“青出于蓝而胜于蓝”，否则就难以推动学问的进步了。并且在古代，倘若是那没有才能推动学问创新的学生，老师也不会刻意花费大力气去培养他的。

总之，师授学问，学生继承师说并发扬光大，是中国古代学术传播的重要途径，而维系这一重要途径的，则是“尊师重道”的传统。倘若没有这一传统，中国的文化命脉早就已经断绝，正因有“尊师重道”这一强有力的传统，使中国的历史文化能够源远流长。

第四章 生活观念

一 男尊女卑

中国传统伦理道德观念中有“男尊女卑”的说法。语出《列子·天瑞》:“男女之别,男尊女卑,故以男为贵。”而《列子》的观点又是敷衍自《周易·系辞上》中的“天尊地卑,乾坤定矣,卑高以陈,贵贱位矣……乾道成男,坤道成女”。《周易》中认为天在上地在下,人仰望天足踏地,故而敬天而亲地。又以天地分而代指男女,也就有了“男尊女卑”的说法。这样看来,“男尊女卑”本是用于陈述一种天地乾坤的关系,说明阴阳和合的自然法则,并不一定带有明显的褒贬意义。但在中国漫长的文明发展过程中,这个词语逐渐沾染上了浓重的情感色彩,成为了男女地位不平等的写照,并体现在人生的各个阶段。

在农业社会早期,男孩作为一个家庭的主要劳动力得到极大的重视。一个怀孕的妇女若是诞下男婴,人们祝贺这个家庭,常常会说“弄璋之喜”;假如是女孩,则说“弄瓦之喜”。这两句话出自《诗经·小雅·斯干》中的两段,原文分别是:

乃生男子,载寝之床,载衣之裳,载弄之璋。其泣喤喤,朱芾斯皇,室家君王。

乃生女子，载寝之地，载衣之裼，载弄之瓦。无非无仪，唯酒食是议，无父母诒罹。

译为白话也就是说：如若生了个儿郎，就要让他睡床上。给他穿上好衣裳，让他玩弄白玉璋。他的哭声多宏亮，红色蔽膝真鲜亮，将来准是诸侯王。如若生了个姑娘，就要让她睡地上。把她裹在襁褓中，给她玩弄纺锤棒。长大端庄又无邪，料理家务你该忙，莫使父母颜面丧。

由此可见，古代人对于男女的态度不同，期待不同。对于男人，要求他们知书明理，品格如玉，成为国之栋梁；对于女人，则是将繁重的家务交给她，只要她守规矩，不逾矩，保住父母和夫家的脸面。

《礼记·内则》中记载，婴儿出生三个月后由父亲命“名”，男子二十岁举行冠礼，并取“字”；女子十五岁许嫁，举行笄礼，并取“字”。这样看来，男女在命名这个环节，理论上还是比较平等的。但实际情况与此背道而驰，历代留名的女子并非全是有名有姓的。比如哭倒长城的孟姜女，从称呼上看来便只是姜家的大女儿，而没有名字。又比如西汉纺织能手陈宝光妻，干脆连本人姓氏也省去了。类似的还有《孔雀东南飞》，原题为《古诗为焦仲卿妻作》。民间套用丈夫的姓名称呼已婚妇女，至后来成为定式，常常是在丈夫名字之后附加一个“家的”，《红楼梦》中就有“林之孝家的”、“吴新登家的”等等。一个女人，哪怕再有能力，到头来连个名字也难有，这实在是一种莫大的悲哀。

古代女子十五岁及笄，就是到了出嫁的年纪，这时，按照俗话说的“父母之命，媒妁之言”，便可以一顶花轿抬到夫家，从此

"嫁出的女儿泼出的水"了。所谓的"父母之命",虽然在婚姻双方都是要遵守的重要准则,而对于女子来说还是"三从四德"的要求。"三从"即是:未嫁从父,出嫁从夫,夫死从子。作为女人,通常来说没有决定自己婚姻的权力,至于婚后能否得到幸福,恐怕很少有人会替她们考虑。但为了帮助丈夫控制自己的妻室,人们还定下了"七出"这一规矩。"七出"到唐代才正式确立,但内容源于汉代《大戴礼记》,说法不一,大致包括无子、淫逸、不事舅姑、嚼口舌、盗窃、妒忌、恶疾。也就是说,一个妇人,只要触犯了以上七项条件的任意一项,丈夫以及夫家就可以将之休弃。这七项条件中的一部分看来便觉十分荒谬,尤其是恶疾这一项,难道由于妻子患病,丈夫就可以将她随意抛弃吗?这简直已经超出了性别歧视的范畴,触及到对生命的态度问题了。虽然从一定程度上看来,"七出"使得妇女不至由于丈夫的个人喜恶而被抛弃,但已经表明妇女的地位并不高。这从古代文学作品中就能看出一些端倪。例如《诗经·邶风·谷风》中被丈夫抛弃的妇女,显然品德端正、温柔娴淑,同样命运的还有《氓》中的那位弃妇。虽然《诗经》时代还没有"七出"的说法,但在婚姻中男女的不平等,女性地位之低下已经是可见一斑了。

结婚以后,男子可以三妻四妾,这成为妾媵制度,而女子却必须终生与许多女人共侍一夫。假如遇人不淑,那也只能怪自己命不好,绝对没有反悔的余地。上面已经提到,丈夫对妻子不满,有很多理由将之休弃,但一个女人,却根本没有主动结束婚姻关系的权力。就算是惊才绝艳的李清照也不能幸免,女词人在丈夫赵明诚死后无比悲痛,一个叫做张汝舟的家伙贪其钱财,乘虚而入,对她百般示好,获得其信任后,二人结为夫妇。婚后,张的本性暴露，喜怒无常，更是一心觊觎李清照收藏的金石。这时，李清照又发现张汝舟的官职是靠行贿获得的，便向官府告发了他。在当时的社会背景之下，妻子状告丈夫，即使证实丈夫有罪，妻子也要受连坐之罪，女诗人由此入狱。最让人瞠目的是，当代后世许多文人不问事实缘由，便责怪其不守妇道，嘲弄她晚节不保，甚至由此否定她在诗词上的成就。譬如，胡仔的《苕溪渔隐丛话》中说："易安再适张汝舟，未几反目，有《启事》与綦处厚云：'猥以桑榆之晚景，配兹驵侩之下材。'传者无不笑之。"王灼的《碧鸡漫志》中也说："赵死，再嫁某氏，讼而离之。晚节流荡无归。"

男尊女卑虽然只是民间的传统，并未列入法令当中，但却具有广泛的"群众基础"。尤其是在夫妻之间，恪守这一传统才是正常现象。如果不是这样，就会受到嘲弄，比如中国古话中有个词叫做"惧内"，说白了也就是"怕老婆"。明代抗倭名将戚继光就是一个惧内的人。汪道昆所著《孟诸戚公墓志铭》中记载，其妻王氏蛮横嚣张，曾因戚继光纳三姬、举五子之事，"日操白刃，愿得少保而甘心"。民间更是有不少逸闻趣事。以治军严明著称的"戚家军"战功卓著，但主帅戚继光极为惧内，致使军中将领为其鸣不平。戚继光受不住部下

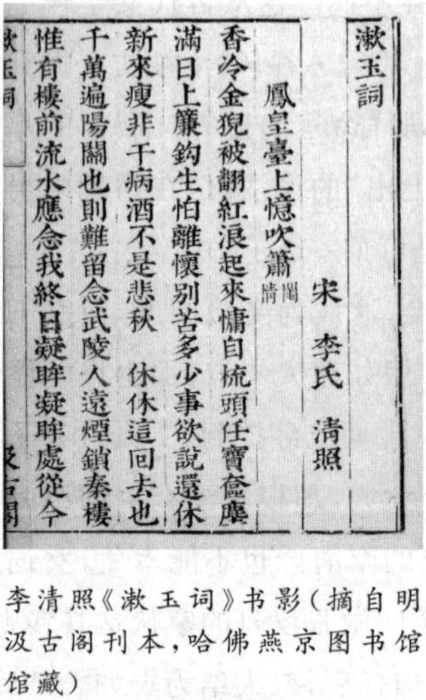
漱玉詞

鳳皇臺上憶吹簫 情閨　宋 李氏 清照

香冷金猊被翻紅浪起來慵自梳頭任寶奩塵滿日上簾鈎生怕離懷別苦多少事欲說還休新來瘦非干病酒不是悲秋　休休這回去也千萬遍陽關也則難留念武陵人遠煙鎖秦樓惟有樓前流水應念我終日凝眸凝眸處從今

李清照《漱玉词》书影（摘自明汲古阁刊本，哈佛燕京图书馆馆藏）

激将,便将夫人接入军营。帐内众将皆盔明甲亮,手执利刃,一派杀气腾腾,想给其妻一个下马威。不料戚夫人来到营帐,见了这等阵势,却无丝毫恐惧之色,反而目光威严,对着戚继光喝道:“唤我何事?”戚继光闻言,胆战心惊,扑通一声跪下说道:“特请夫人阅兵。”又有一次,戚继光架不住部下的极力怂恿,冲入家里想用利剑吓唬一下老婆,以振夫纲。当时其妻午睡刚醒,戚继光拿着宝剑大声喊喝以给自己壮威,其妻立马怒吼道:“你拿着宝剑想要干什么?”戚将军吓得浑身哆嗦,宝剑掉地,仓忙应答道:“我想给夫人杀只鸡吃,所以才高声叫唤。”夫人一听,开口说:“以后杀鸡再不要大声嚷嚷。”戚继光连连称是。这种趣事不过是人们茶余饭后,口耳相传,原本不足为信。但正由于丈夫畏惧妻子是件异事,才特别有“惧内”一词。古今中外却从未见过“惧外”的说法,可见妻子服从丈夫是天经地义的事,不必称奇。

事实上,男尊女卑这一传统观念的产生有其深刻的根源。在古代社会,生产力低下,男女由于生理上的差别,社会分工也存在极大的差别。原始社会早期,人们对于改造自然的欲望较小,故而母系占主导地位。随着生产力的提高,人们改造自然的意图大大增加,男性凭借着生理上的优势,自然而然在社会生产、生活中占据主导地位。就算是时至今日,男性也往往会承担相对重要的社会分工,这本来无可厚非。然而,对于女性的刻意压迫则是男权畸形放大的表现。在社会分工中,男性固然有着一定的优势,女性的功能也不可轻视。随着西方社会科学的东来,民主自由平等之风盛行,近代生产方式也要求女性走出家门,走入社会,更多地参与社会分工,男尊女卑的传统观念日益受到冲击。女性主义的兴起、女权的觉醒更是近代大变革中的重要组成部分。虽然在中国的许多地区，直至今日依然存在“重男轻女”“男尊女卑”的观念，但随着生产力的发展，现代文明的进步，女性在社会的地位逐渐上升，这种传统观念也会逐渐淡化。

二　黄道吉日

中国民间在婚丧嫁娶、破土动工、开店、旅行等之前，有查《老皇历》挑选“黄道吉日”的习俗。如赵树理在小说《小二黑结婚》中写了农村中一个绰号叫“二诸葛”的庄稼人。他的一举一动都要“论一论阴阳八卦，看一看黄道黑道”。有一年春天大旱，某天下小雨，村里人都抢着种地，二诸葛看了历书说：“今日不宜栽种。”等到两天后是个黄道吉日，可惜地干了。二诸葛勉强把他的四亩谷子种上，结果没有出够一半。过了十多天别人都已在地里锄苗，二诸葛却领着两个孩子在地里补空子。村里人就揶揄他：“老汉！今天宜栽种不宜？”二诸葛吃了苦头，狼狈不堪，还被村人传为笑谈。这是赵树理讽刺二诸葛拘束于“黄道吉日”不知变通。

那么，“黄道吉日”到底是什么意思呢？

“黄道”是古代天文学术语。古代天文学描述和确定恒星方位的坐标有两种：一种是赤道坐标，一种是黄道坐标。赤道是与地球每日旋转的轴心相垂直的天球上的大圆圈。黄道则是地球上的人看到太阳一年内在恒星间所走的路径这一大圆圈。两个圆圈并不重合。

黄道两边的部分称为黄道带，将日、月及各种主要行星的行经路径都包括在其中。古人认为，太阳在天空上的位置变化，与黄道带上其它行星形成某种局面，会影响地球上的人。好的影响称为吉，坏的影响称为凶。当太阳在黄道某个位置上与行星形成吉的影响力时，就叫做黄道吉日。但当太阳与行星形成不好影响力时就称黑道凶日。

黄道、黑道的推算方法有两种：

一种是十二地支配上十二天神，这样就成为：1. 子日青龙吉；2. 丑日明堂吉；3. 寅日天刑；4. 卯日朱雀；5. 辰日金贵吉；6. 巳日天德吉；7. 午日白虎；8. 未日玉堂吉；9. 申日天牢；10. 酉日玄武；11. 戌日司命吉；12. 亥日勾陈。凡遇上青龙、明堂、金贵、天德、玉堂、司命六神的就是黄道吉日，相反的就是黑道凶日。

另一种是依据十二个星轮流值日的十二值。这十二个星是：建、除、满、平、定、执、破、危、成、收、开、闭。凡与除、危、定、执、成、开 6 个字对应的日子，就是黄道吉日，凡与建、满、平、破、收、闭 6 个字对应的日子，就是黑道凶日。在十二值中有不同的规定：建日，诸事可为；除日，除旧迎新大吉；满日，祭祀吉，其它不吉；平日，万事大吉；定日，垒灶台、宴会、定协议大吉，不宜打官司、医疗；执日，建房、种植吉，搬家、旅行不吉；破日，万事不吉；危日，万事不利；成日，开业、结婚、上学、庆典吉，打官司不宜，拆除房屋等不吉；收日，收藏、垒灶台吉，不宜开业，举事不宜；开日，开业、结婚、垒灶吉，最忌安葬；闭日，万事皆凶。

依据这样的规则，一些日历将日期与十二地支、十二天神、十二值配合起来，这样方便查阅。这样的日历不仅只有《老黄历》，中国民间出现了很多这样查阅吉凶的书。如明代出现一本托名东晋许旌阳的《玉匣记》，除了记载一些神佛阎君的生辰日子，还有“合帐吉日”、“试衣吉日”等，以及对“洗头”、“出行”的各种忌日，又如某日不宜针灸，等等。此外，还有解决“面热”、“眼跳”、“耳热”、“耳鸣”、“釜鸣”、“火逸”、“犬嚎”等吉凶的解说。书中也有《治风牙方》、《治虫牙方》、《治火眼方》等医方，实际上成了一部民间日常生活指南性质的手册。占卜、占梦、挑选黄道吉日、神明祭祀等都可以找到相应的答案。《红楼梦》中就提到了《玉匣记》，第四十二回贾母等人游大观园，老太太“被风吹病了，睡着不舒服”，王熙凤的女儿巧姐“太太递了一块糕给他，谁知风地里吃了，就发起热来”。刘姥姥说：“或是遇见什么神了。依我说，给他瞧瞧祟书本子，仔细撞客着了。”凤姐儿叫平儿拿出《玉匣记》叫丫头彩明来念。彩明翻了一回念道：“八月二十五日，病者在东南方得遇花神。用五色纸钱四十张，向东南方四十步送之，大吉。”此外，《红楼梦》多次提到看“黄道吉日”。如六十四回“这里贾琏等见诸事已妥，遂择了初三黄道吉日，以便迎娶二姐过门”。第九十七回宝玉发疯，凤姐骗他要娶的是林妹妹。凤姐走进里间说：“宝兄弟大喜，老爷已择了吉日要给你娶亲了。你喜欢不喜欢？”

文和堂刊刻《增补选择通书玉匣记》书影（摘自《增补选择通书玉匣记》，北京：华龄出版社，2015 年）

中国人很重视"吉日",不管是在皇家事务、行军打仗还是在普通百姓生活中,挑选"吉日"都非常重要。不过,需要指明的是,中国古代说的"吉日",很多时候未必是"黄道"吉日。中国早期的天文学以赤道为准。古代的中国人将赤道附近的天空,划分为12个部分,称十二星次。分别是星纪、娵訾、玄枵、降娄、大梁、实沈、鹑首、鹑火、鹑尾、寿星、大火、析木。中国早期天人合一的观念将天上的事情与地上的事情关联起来,发展出的占星术是以岁星十二次为依据的。如《左传》和《国语》中就把岁星十二次与当时十二国联系起来,某一星次中的天象变异便预示与它有关的那一个国家要发生重要的事情,如国家的灭亡、国君的死丧、年岁的灾歉等。

根据记载,中国古人的天文学都是以赤道为标准的。如二十八宿的广度,《史记》、《左传》中都以赤道为准,到了《后汉书》,才在各宿的广度后面,又增列黄道上相应的广度,以资对照。我国古代天文仪器中的浑仪,早期的只有赤道环,没有黄道环。东汉时才于赤道环的旁边加上黄道环,但不常设。

隋代的时候,随着佛经的翻译,中国引入了西方的黄道十二宫体系。黄道十二宫体系起源于古巴比伦,完成于希腊,之后由希腊传入印度,后来随着佛教传入中国。黄道十二宫的名称与黄道附近的12个星座类似,即白羊宫、金牛宫、双子宫、巨蟹宫、狮子宫、室女宫、天秤宫、天蝎宫、人马宫、摩羯宫、宝瓶宫和双鱼宫。之后我国自著的书中谈占卜时也列举黄道十二宫名,如唐末五代杜光庭的《玉函经》,宋初曾公亮等编的《武经总要》等。所以说,十二星次最初是沿着赤道把周天分为十二等分,到了唐代才沿着黄道划分。就天文学来说,到了唐代,浑仪中的黄道环才和赤道环一样成为不可缺的部分。不过，在明末西洋传教士将黄道十二宫与近代天文学联系起来再行传入中国之前，中国天文学中并不加以采用。

另外，中国人所判定的"吉日"，有时未必是根据岁星十二次或黄道星象系统而定的，而是根据卜筮而定的。《史记·龟策列传》中说："闻古五帝、三王发动举事，必先决蓍龟。"就是靠卜筮定下日子。在《礼记》中大量提到的"吉日"是卜筮定下的日子。如曾子曾问孔子：定下了娶亲的吉日，但是女子却死了，该怎么办？这里的吉日就应该是根据卜筮而定的。

随着历史的发展，卜筮、十二星次、二十八宿、黄道、天干地支、五行相生相克等理论混合在一起形成很多不同的测算吉日的方法。"吉日"观念在中国影响深远，有人就连房事都要考虑是否是吉日。

《聊斋志异·吕无病》中讲，孙麒夜读，来了个"微黑多麻"的女子吕无病。孙公子对深夜来访的丑女不感兴趣，但丑女几句话一说，骤然改变了孙麒以貌取人的态度，但仍嫌吕无病丑。吕无病说愿意为婢，侍奉他读书。孙麒推脱，说："纳婢亦须吉日。"又试探吕无病，让她去书架取《通书》，看她是否有文化。《通书》是宋代理学大师周敦颐的著作，里边有选吉日的论述。吕无病过去取下书翻了一下递给孙麒，笑着说："今日河魁不曾在房。"孙麒心动，就把她留了下来。据《荆湖近事》，李戴仁性情迂腐，连跟妻子同房都得看黄历。一天晚上，年轻的妻子主动来找他，他说："河魁在房，不宜行事。"把妻子气走了。吕无病用这个典故跟孙麒开玩笑，说明她知识丰富，也表明她对孙麒有自荐枕席之意。据星命学说，河魁是月中的凶神。阳建之月，前三辰为天罡，后三辰为河魁。阴建之月则相反。这一天诸事宜避。

但也有不信“吉日”决定性因素的。如《旧唐书·李忠臣传》中讲，李忠臣在平定安史之乱中屡建军功，史思明攻陷汴州时，李忠臣被迫投降。史思明拍着李忠臣背说：“我好比只有左手，现在得到了你，兼有右手啦！”不过几天之后，李忠臣夜里带领五百人砍杀叛军营地，突围而出。后来，吐蕃进犯西部边疆，代宗派使节到淮西，当时李忠臣正在踢球，马上下令整军出征。监军大将说：“行军必须选择吉日。”李忠臣在众军面前奋臂一呼：“哪有听说父母遇到寇难还等着拣个好日才去营救的！”即日进发，最后胜利而回。看来这个“木强率直，不识书”的人是不怎么相信“吉日”之说的。

三　女为悦己者容

“女为悦己者容”是我们所熟知的一句话。“容”字较好理解，即为“梳妆打扮”之意。关于“悦己者”则众说纷纭。其中最为流行的是如下两种说法。一是“喜爱自己的人”；二是将“悦”字理解为使动用法“使……悦”，使自己欣喜的人，也就是“自己喜爱的人”。其实这个“悦己者”还有着另一种解读。

千古流传的《佳人曲》中唱道“北方有佳人，绝世而独立；一笑倾人城，再笑倾人国；宁不知倾城与倾国？佳人难再得！”佳人如仙子般不食人间烟火，不经意的一笑却能使整个国家为之倾倒，不过，这样的佳人也有着“女为悦己者容”的心思。《佳人曲》中的“佳人”实为汉武帝的宠妃李夫人。《汉书·外戚传》中记载，李夫人的兄长李延年精通音律，擅长歌舞，深为武帝赏识。

一次，李延年为武帝演奏这首《佳人曲》，武帝如痴如醉，情不自禁地问出口："很好！可是世上真有这等人吗？"一旁武帝的姐姐平阳公主便道："延年的妹妹正是这样的佳人！"武帝召来一看，她果然妙丽善舞，因此将她纳入后宫，并对她宠爱有加。可惜，李夫人年纪轻轻却染上恶疾。武帝几番探视，她却自始至终以被子蒙身蒙面，再三谢绝。她哀叹："臣妾我卧病在床已久，身形与容貌已因这缠绵的恶疾而毁。这样的我不能见陛下。"当武帝再进行劝慰时，李夫人又说："妇人貌不修饰，不见君父。妾不敢以燕媠见帝。"这正含着"女为悦己者容"的意思。但这又并不仅仅是"女子为欣赏自己的人梳妆打扮"。李夫人并没有为了见武帝而起身梳妆打扮，反而因为看重自己在"悦己者"心中的形象拒不见面。"容"字就像借代用法，它的背后是女子因为有了爱慕者而开始在意自己形象时所事的一切经营。

可是，身在心机重重的后宫，李夫人当时的心态又仅仅只有"女为悦己者容"吗？虽然武帝答应，只要李夫人肯与他见上一面，他就会照顾李夫人的儿子和兄弟，李夫人竟然还是不肯。武帝离开后，一旁姐妹感到不解，她这才解释道："我正是因为考虑到兄弟的前途才不肯见皇上的。我是因为姣好的容貌得到君心。要知道，像我这种

李夫人像（摘自郭磬、廖东编《中国历代人物像传》，济南：齐鲁书社，2002年）

凭借外表的女子，一旦红颜不复，则宠爱亦逝；宠爱逝，皇恩绝。皇上之所以对我恋恋不舍，是因为思眷我平生容貌。如今倘若见我颜色非故，必然畏恶唾弃我，又哪里还可能顾着我的兄弟呢?”这样倾国倾城的佳人也不能永远只依赖外貌，也不能永远留住她的“悦己者”。

《诗经·关雎》中也有一位佳人。“关关雎鸠，在河之洲。窈窕淑女，君子好逑。”这位被追求了几千年的“窈窕淑女”并非独有外在美。扬雄《方言》解释：“秦、晋之间，美心为窈，美状为窕。”内在美叫做“窈”，外在美叫做“窕”，诗中的女子是内外兼修的。修饰外在的自己可以暂时留住“悦己者”们，可是他们总有移开目光的一天。修饰内在的自己却不仅仅是为了男子，更重要的是为了自己。人们常说，最爱你的是你自己。“自己”正是每个女子最忠实的“悦己者”。

一般说来，在中国古代，女子要做到内外兼修，用琴棋书画“容”内在，用梳妆打扮“容”外在。可是，“女为悦己者容”是为取悦“自己”时，二者便分不清彼此了。晚唐词人温庭筠有一首《菩萨蛮》：“小山重叠金明灭，鬓云欲度香腮雪。懒起画蛾眉，弄妆梳洗迟。照花前后镜，花面交相映。新贴绣罗襦，双双金鹧鸪。”这个女子刚刚晨起，白皙的脸庞在散逸的乌发中若隐若现，一派慵懒。词中并没有点出爱慕女子或女子爱慕的人，为什么女子还是梳妆起来了呢？为什么她还是不厌其烦地，一点点打理着自己呢？其实，这里的女子看起来仍然在修饰外在，但她在不知不觉中也在修饰着内在了。这种外在美并不仅仅代表着她的容貌，也代表着她的生活品质和她的自重自爱。她取悦的除了理想中的爱人，还有着自己——她在无人欣赏时懂得爱惜自己，懂得为了自己珍重自己。

说到这儿,应该交待"女为悦己者容"这句话的出处了。这句话出自春秋时晋国人豫让之口。

豫让的故事可见于《史记·刺客列传》。豫让最初曾仕于范氏及中行氏,但不得赏识。后来投靠智伯,深得尊宠。可是智伯在攻打赵襄子时,被赵襄子与韩、魏合谋杀害。他们不仅灭绝智伯的后代,三分他的土地,其中赵襄子最痛恨智伯,甚至把智伯的头盖骨拿来作饮器。豫让遁逃山中,悲愤地哀呼道:"嗟乎!士为知己者死,女为悦己者容。如今智伯赏识我,我必须为他报仇,否则我的魂魄将无法摆脱愧疚。"他这一句表决心的话就这样被流传了下来。

豫让这位志士是如何"为知己者死"的呢?他隐姓埋名,潜入赵襄子宫中清扫厕所,私藏凶器以备行刺。赵襄子发现了他,但因为他的忠义而饶他一回。可不久后,豫让又以漆涂身化妆成生疠的样子,吞下炭火来使声音变哑,直到连妻子都辨识不出。这一次行刺又被襄子及时识破。襄子不禁责问他:"你不也曾为范、中行氏办事吗?是智伯歼灭了他们,你不为他们报仇,反而屈身于智伯门下。如今智伯都死了,为什么你偏偏要这么坚定地为他报仇呢?"豫让说:"我事范、中行氏时,他们待我如普通人,我当然以普通人的身份对他们。可是智伯以我为国家重臣,我便以国家重臣的作为回报他。"襄子听后感慨而泣,但是这次已不能再放过他了。豫让感谢襄子之前的宽赦,愿意伏诛,只求能刺襄子的衣服以表报仇之意,死而无憾。经过襄子同意,豫让对着襄子的衣服"拔剑三跃而击之",然后说着"我可以到黄泉下报答智伯了!"自刎而尽。当天,赵国志士听闻,都为他涕泣。

“士为知己者死，女为悦己者容。”志士为赏识自己的人甘愿牺牲，女子为欣赏自己的人用心装扮。豫让故事最有趣的是，身为志士，甘愿为赏识自己的人牺牲，除了性命，他恰好也牺牲“容貌”。毁容而为知己的男人，男女的性别界限在一刹那间越过，让人恍惚。他因为这份赏识，实现了自我的价值，但自己不再属于自己。装扮自己的女子又何尝不是呢？女子将自己打扮得漂亮固然风光，可是她若只是因为这份欣赏感到虚荣，去迎合那些外在的“悦己者”，便也使自己受控于他人而丧失自我了。

也许古时，女子的生命从来就不属于自己。《仪礼》说：“妇人有三从之义，无专用之道，故未嫁从父，既嫁从夫，夫死从子。”何况容貌呢？当年轻女子变为妇人，这“悦己者”似乎就是也只能是丈夫了。为了丈夫，她不仅愿意梳妆得体，有时也可以自残形体。《列女传》载，刘长卿的妻子在丈夫死后，为防止父兄逼其改嫁，不肯回娘家，决定独自抚养儿子。谁知儿子又夭折离世，她恐怕这回难以违抗，便刑耳自誓，毁容以表决心。面对旁人的不解，她说：“我祖辈上曾出过儒学宗师和帝王之师，‘男以忠孝显，女以贞顺称’是几代以来的训诫，我不能使祖上蒙羞。”“男以忠孝显，女以贞顺称”，这句话的感觉和“士为知己者死，女为悦己者容”何其相似。可见“为悦己者容”和“贞顺”多少相通。甚至可能“女”应该只为“悦己者”一人“容”。这个悦己者并不是泛泛而谈，在特定的语境下，他就是丈夫。这句话也就包含着传统社会对女子的要求了。可女子若死守传统礼制，便容易忘了照顾自己，取悦自己。

“女为悦己者容”，“女”可以是佳人，可以是烈女，也可以是任何一位普通女子。“容”可以在外，也可以在内，可以描眉贴花黄，也可以烈火红唇烟熏妆。“悦己者”固然可以有更多解释，但任何时候都不应该少了每个女子内心最深处的那位爱慕者——“自己”。也许取悦自己才是女子一切梳妆打扮最本源的动力吧。

四　日出而作，日入而息

如今的人们常常在电光泡影中熬夜到凌晨，中午才起身，现代的都市生活改变了人们的生活节律。而在中国古代很长时期之内，人们却遵循着“日出而作，日入而息”的规律和习惯。作息时间变化的背后仅仅是生活节律的不同吗？

《击壤歌》中说：“天下大治，百姓无事，田间老父击壤而歌，观者叹息道：大哉帝德！老父回答：日出而作，日入而息，凿井为饮，耕田为食，帝力于我何有哉！”意思是说，天下被治理得井井有条，百姓都相安无事，人们遵循着黑夜与白昼的交替的节奏，“日出而作，日入而息”，在自然的状态之下，安闲自适，就连皇帝老子也管不到。这样的人们心情何其愉悦！《庄子》中也说：“日出而作，日入而息，逍遥于天地之间，而心意自得。”《庄子》从道家思想的层面上将“日出而作，日入而息”阐述为自由自在、逍遥自适的精神世界。这样的精神境界又让人何等羡慕！

“日出而作，日入而息”对于普通百姓来说，是因为古代人生活在自然状态下，而对于有知识有文化的人而言，“日出而作，日入而息”则是个人修养的需要。《论语》里，孔子的弟子宰予白天睡觉，被孔子骂为“朽木不可雕也，粪土之墙不可圬也”。汤显祖的《牡丹亭》中，杜太守知道杜丽娘白天睡觉，就把杜丽娘斥责了一通，决定聘请私塾老师来教导杜丽娘。学者葛兆光认为，“日出而作，日入而息”更是一种社会秩序的要求。因而“日出而作，日入而息”被古代的政府逐渐定为规矩，写进法令。

如《国语》里边，国家治理者就期望百姓的生活是“明而动，晦而休”，这样百姓生活具有一定的秩序，白天生产、交易，夜晚安居休息，社会容易保持稳定的局面。随着时代的发展，这样的秩序到唐、宋时期被写入了法律之中确定下来。《唐律疏议》、《宋刑统》中都规定，到了夜里，不可在城里随意走动，除了公务军事急事之外，夜行都算“犯夜”，要被鞭笞的。唐代的著名诗人温庭筠曾因醉酒犯夜，差点被处罚。到了明代，《大明律》中也规定，夜里随意活动算犯罪，如果闯入别人家中，则要受很重的笞刑。不过，因为明代一些城市中商品经济发达，城市生活繁荣，“日出而作，日入而息”的规定在繁华的城市中逐渐瓦解，但大多数人还是遵循着这样的生活秩序。

在政府看来，不遵循“日出而作，日入而息”会出很多问题。月黑风高夜，杀人放火时。明代的《警世通言》中有一个小说，讲一帮强盗专门在水路半夜劫财，白天观察，看有些油水的船，晚上半夜三更就去打劫，杀了客人，劫财劫色。他们把候补知县苏云捆起来丢入水中，幸好夫人逃生，到林御史那里告了状，才得以报仇。这虽然是个故事，但现实中也发生过类似的事件。明代成化年间，上海富商林春，打发他姨太太王氏回家，到了鄱阳湖，同船的人夜里把十几个人扔到水里，把他们财物都抢了。幸好王氏没有沉溺，被人救起，告了官。布政司陈炜派兵吏查探，在抚州将强盗一举抓获。万历年间，地方官张维枢看到一些人总是在夜里呼朋引类，赌博抢劫，为非作歹，就颁布示令，按照以往老规矩“以一鼓三点为期，不许擅自行走”，特别是民间嫁娶丧

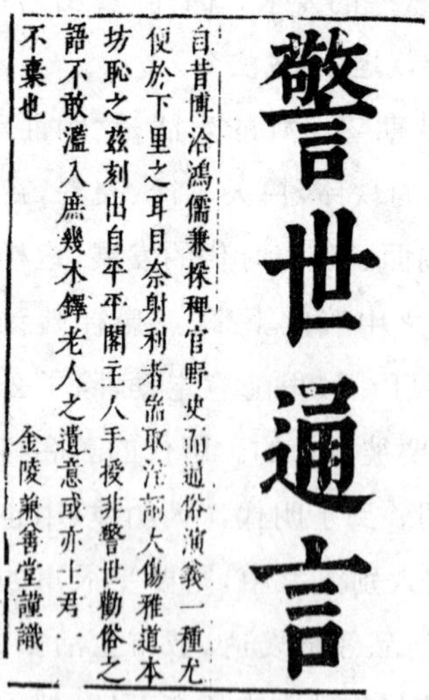

警世通言

自昔博洽鴻儒兼採稗官野史而通俗演義一種尤便於下里之耳目奈射利者徒取淫詞大傷雅道本坊耻之兹刻出自平平閣主人手授非警世勸俗之語不敢濫入庶幾木鐸老人之遺意或亦士君不棄也

金陵兼善堂謹識

《警世通言》书影(摘自《古本小说丛刊》第三十二辑,北京:中华书局,1991年)

事的宴会,不许妇女到了半夜还宴饮不回家。夜里容易使歹人生心,男女混杂容易出事。

葛兆光指出,古人对于夜间的行为好像有一种想像,认为凡在夜间所为的,都应该是鸡鸣狗盗、奸淫邪妄的事情,因为在传统社会中,生活时间的反常,就是伦理秩序的颠倒。对于个别民众夜聚晓散,违背时间安排还算是小事,麻烦的是有组织的行为。后唐时政府敕令,夜间宗教信仰的聚会导致僧俗混乱,表面是宗教宣传,实际是放纵情欲。皇帝下令各地严肃查办此类事件,而且要"重杖处死"。

带有宗教信仰的夜间聚会政府非常紧张。在宋代,"夜聚晓散"成了妖淫谋逆的代名词。天禧年间,在河阳一种迷信妖怪活动很流行,不出十天,就传到首都汴梁,大街小巷都人心惶惶。官方及时出了榜文,捉到"夜聚晓散"的张子元等几百人。几个月后,社会才安定下来。对于政府官员来说,不遵循"日出而作,日入而息"而"传习妖教,夜聚晓散"非常让他们紧张和头疼,这种威胁远远大于一般的偷鸡摸狗、打家劫舍行为,它的威胁很大,不仅扰乱社会秩序,还威胁到政权的存在,更影响着官方主流文化的指导权力。

提倡遵循“日出而作，日入而息”，坚决反对“夜聚晓散”就成了中国的传统。从宋代一直到明清的法律都有规定。如《明会典》说，有常产、有常心的人，很容易认同现实的政治，遵循传统的秩序，但是游手好闲、不务正业、邪术左道、烧香结社的人，则因为受到社会制度的压制，而喜欢“夜聚晓散”，官方应该查办。从宋至清，对于宗教性的夜间聚会有相当严厉的管制。不过，也因而造成了一个后果：后来的人，面对各种民间宗教与外来宗教，如果想攻击，就说他们“男女混杂，夜聚晓散”。如万历年间礼部郎中徐如珂攻击天主教，就说天主教“公然夜聚晓散”。其实，这就如现在日常生活中，攻击一个人“夜不归宿”一样。“夜不归宿”暗示着道德上有亏缺，有什么事你不能白天去做呢？

按照中国古人的想法，“日出而作，日入而息”是天经地义的秩序，这符合天地运转的规律，符合自然劳作的需要，符合人的自然生理节奏。古人解释经典中的话说：“日出而作，不得不勤，日入而息，不得不止”，这是顺天之道而养育大众的。正是因为这个观念首先是来自经典，其次又写进了法律，因而就变成中国传统的一个普遍性观念。不过，传统农业社会的生活秩序，到了宋代之后，特别是明清时代，商业的繁荣和都市生活习俗的产生，给“日出而作，日入而息”的观念产生很大冲击。夜生活的发达，瓦解着日夜的观念。江南的城市夜生活日益丰富，颠倒黑夜与白昼的生活，使传统的社会生活秩序最终消失。

五　臧否人物

中国人喜欢评论别人，但又对评论别人心存忌惮。评论别人在古代有个专门的说法，叫做“臧否人物”。“臧”是好，“否”是坏，“臧否”就是评论人物好坏。

为什么要“臧否人物”呢？这不单单是个人的喜好问题，跟中国传统的制度有关。东汉盛行以征辟察举制度选拔人才，而不是以考试为根据，人物臧否就成为政治上极为重要的事情。乡议是征辟察举的根据，而人物臧否掌握在清议名士手中。一个人一经名士品评，即可获得声誉，定身价于朝廷，显声名于士林。当时作为人物品评的“月旦评”，是汝南郡每月初一进行的品评人物的一项活动。由汝南名士许劭为首，与其族兄许靖共同主持。《后汉书》中记载赵壹入京师求名，以异常行为举动引起司徒袁逢、河南尹羊陟的重视，两人共同称荐他，赵壹便“名动京师，士大夫想望其风采”。

臧否人物往往以道德品格评价为主。如《世说新语》记载蔡邕评论陈蕃、李膺说：“陈仲举强于犯上，李元礼严于摄下。犯上难，摄下易。”就是说陈仲举敢于直言犯上，刚正不阿，而李元礼则对下属很严格，非常有威严。随着人物品评的发展，评价中加入了对人物才性、风姿、仪容的评论。《世说新语》：“世目李元礼‘谡谡如劲松之风。’”“如劲松之风”就是这个人给别人的感受，不仅是外在的风神气质，也包含了其内在道德情操。进入魏晋之后，这样的评论人物越来越多。人们认为人的容貌仪态与内在道德有关，《世说新语》讲一个故事：曹操在接待匈奴的使者时，想要震慑对方，但觉得自己的外形丑陋，不能让人慑服，就让崔季珪代替自己接见。自己带着刀，扮作侍卫站在旁边。接待完使者，就令手下人问：“魏王如何？”匈奴使者回答：“魏王很文雅，并非常人，不过旁边带刀的那个人，才是真英雄啊。”曹操知道了，就派人追杀了这个使者。

世說新語卷上之上

宋 臨川王義慶 撰

梁 劉孝標 注

德行第一

陳仲舉言爲士則行爲世範登車攬轡有澄清天下之志汝南先賢傳曰陳蕃字仲舉汝南平輿人有室荒蕪不掃除曰大丈夫當爲國家掃天下值漢桓之末閹豎用事外戚豪橫及拜太傅與大將軍竇武謀誅宦官反爲所害爲豫章太守海內先賢傳曰蕃爲尚書以忠正忤貴戚不得在臺遷豫章太守至便問徐孺子所在欲先看之謝承後漢書曰徐穉字孺子豫章南昌人清妙高時超世絕俗前後爲諸公所辟雖不就及其死萬里赴弔常預炙雞一隻以綿漬酒中暴乾以裹雞徑到所赴冢隧外以水漬綿斗米

《世说新语》书影(摘自四部丛刊本)

魏晋时重视人的仪容最初与选拔人才有关，但臧否人物的名士往往是地方大族或受大族支配的人，因而他们相互结交，任意臧否人物，干涉政府用人，成为控制政治的手段之一。魏晋是个乱世，大家族争夺政权相互杀戮，天下的变故太多，士人随时都可以被人杀死，因而士人开始转向清谈，谈论一些玄远的东西，对臧否人物变得慎重起来。南朝的刘义庆在《世说新语》中说："晋文王称阮嗣宗至慎，每与之言，未尝臧否人物。"意思是说晋文王称赞阮籍，说他从不评论别人的好坏。《晋书》中也说："籍虽不拘礼教，然发言玄远，口不臧否人物。""口不臧否人物"就是赞扬他不评价别人的好坏。此时也出现了"皮里阳秋"的说法。"皮里阳秋"本应该是"皮里春秋"，因为晋代简文帝郑太后名阿春，为了避讳，改"春秋"为"阳秋"。《春秋》作为五经之一，其伟大之处在于用一个字就可以对人物表示褒贬的评价。"皮里阳秋"的意思就是内心自有其褒贬，但口头上并不说出来。这在当时变成了一种生存的智慧。

政治不够清明的时候，"臧否人物"就有着两面性，要么别人会因此得到赏识，要么品评的人会因此获罪。史书上两种命运的例子不少。如《晋书》中说刘毅有孝行，年轻时品节也很清明，

“然好臧否人物”，王公贵人望风忌惮。刘毅侨居平阳时，太守杜恕请他作功曹，有人说“但闻刘功曹，不闻杜府君”。刘毅因为“好臧否人物”而获得很大的声名。而《北史》中记载道玙“形貌矬陋”但“好臧否人物”，因而当时人都不喜欢他。他想进入文林馆，但没有成功，因此“非毁朝士”，专门写一本书《朝士别录》来品评这些朝士，最终自己被杀。

“臧否人物”有因言获罪的危险，因而与政治有关的人对“臧否人物”都很谨慎。《宋书》记载谢灵运“好臧否人物”，他的家人怕他因此出事，就想让他改变，跟谢瞻说：“只有你能改变他。”在他们共同游玩时，让谢灵运与谢瞻共同乘一辆车。灵运上车，就开始跟谢瞻臧否人物。谢瞻说：“你爸爸死得早，谈论他的人有很多不同的说法。”灵运一听，就默不作声，喜欢“臧否人物”的习惯就此慢慢改掉了。《宋书》中也提到谢弘微“口不言人短长”，不品评别人，但他哥哥谢曜“好臧否人物”，每当谢曜要跟他谈论时，谢弘微都改说别的话题搅乱他。

隋代时，《隋书》中记载高祖下诏书说民间“有撰集国史、臧否人物者，皆令禁绝”。不允许随便臧否人物。随着时代的发展，后来从事政治活动的人都不轻易“臧否人物”。《旧唐书》说贾耽“不喜臧否人物”，居相位凡十三年，虽不能贡献给皇帝安危大计，但自身“检身厉行”，每上朝后回到住宅，接待宾客终日无倦。对于家人也不显露喜怒之色，史书就称赞他说：“古之淳德君子，何以加焉！”《宋史》记载说，吴瑛四十六岁时辞官归隐，临溪筑室，种花酿酒，家事都付与子弟。宾客来的时候就喝酒，饮必醉，有时困卧花间，客人走了也不去过问。客人臧否人物时，“不酬一语”，只敦促仆人倒酒喝酒，人们都很喜欢他平易近人且品格高尚。曾经有贵客访问他，他喝到酒酣而唱歌，拍着贵客的头打拍子，客人也不生气。

当然，“臧否人物”也是非常重要的。《宋史》中称王禹偁词学敏赡，思维活跃，“遇事敢言，喜臧否人物，以直躬行道为己任”。为人们立下品德正直的标杆。《清史稿》记载嘉庆初年和珅被抓之后，仁宗下诏求贤。宣宗即位后，四川总督蒋攸铦举荐陶澍，擢升其为按察使。陶澍“好臧否人物”，上朝论奏，都侃侃而谈，大多都是弹劾别人的。宣宗怀疑这个人有问题，秘密派巡抚孙尔准观察陶澍的人品，孙尔准最后列举了陶澍多条善政，密奏保荐，陶澍遂获大用，擢升为两江总督。陶澍临死时遗疏推荐林则徐作为自己的后任两江总督。陶澍因善于识人而著称，咸丰、同治时很多名臣，都是他提拔的。敢于“臧否人物”的名臣对国家官僚的清正之风、对于国家的治理都起了重要作用。

归根结底，“臧否人物”最重要的是，要以公心去评价人物，而不是以一己私利去歪曲别人。就像我们平常评价一个人时，心里要知道，“臧否人物”的背后应该遵循什么价值理念。

第五章　哲学观念

一　生生不息

生生不息，是中国人经常会说到的一个词。在中国古代，通常的说法不是“生生不息”，而是“生生”或“生意”。这是中国儒家思想中一个核心观念。

“生生”一词最早见于《尚书·盘庚》：“汝万民乃不生生，暨余一人猷同心。”商王盘庚在说服大臣们迁都时讲，如果我不抓紧时间搬迁，使国家长期陷于混乱局面，先王必定会降下严重的谴责，责问我为什么虐待百姓，而你们众官为何不肯“生生”——让百姓活下去，与我的决策保持一致呢？这里的“生生”是使“生者”能生存的意思。这里的“生生”意思比较实在。

到了《周易》中，“生生”开始变得抽象起来。《周易》中讲“生生之谓易”，孔颖达解释说：“生生，不绝之辞。阴阳变转，后生次于前生，是万物恒生谓之易也。”意思就是说：“易”是生生不息的变化，是阴阳变化，万物繁衍，生长不已。

“生生”的观念在宋代被周敦颐发扬光大。周敦颐是宋明理学的开山人物。为了与佛教抗衡，他对《周易》做出了新的解释，撰写出《太极图说》和《通书》，依据阴阳变化学说，基于儒家的文化价值理想，提出了儒家的宇宙生成论。周敦颐阐发了《周易》

中所说的“生生之谓易”、“天地之大德曰生”，把宇宙看作是一个生生不已、大化流行的整体，形成了以“生意”为特征的宇宙观的经典性表述。《宋元学案》中记载：周茂叔窗前草不除去，问之，云：“与自家意思一般。”周茂叔即周敦颐，茂叔是他的字。这句话意思是，周敦颐的窗前长满了草，但他并不除去，有人问他，他就说：“这些草跟自家意思一般。”周敦颐从窗前青草的勃勃生命力中看到了宇宙与人生生不息的“生意”。宋代著名的诗人黄庭坚就曾赞扬周敦颐说：“濂溪先生胸怀洒落，如光风霁月。”

新儒家著名的“二程”——程颢、程颐二兄弟中，程颢在十六七岁时跟随周敦颐学习。周敦颐给他一个自己人格的活熏陶，一种日常人生的亲切的启示。又提示他一个问题，教他追寻孔子、颜渊生活的乐趣究竟在哪里。程颢骤然与这样一位大师接触，觉得吟风弄月、眼前的天地，都呈现着异样的光辉，充满着异样的情味。程颢成为一个春风般和气的人，他曾写诗：

周敦颐像（摘自《中国历代名人画像谱》，福州：海峡文艺出版社，2003 年）

云淡风轻近午天，傍花随柳过前川。
时人不识余心乐，将谓偷闲学少年。

他的诗歌与他的人生一样充满着勃勃生机。程颢的书窗前也长了茂密的草，有人劝他除草，他说："不可以！我想经常看到造化的生意。"又在旁边放置了盆池，中间养了小鱼，经常观看。有人问他，他说："我想观察万物自得意。"

"生生"、"生意"此时成为儒家思想中一个重要观念。"生生"、"生意"不仅是对宇宙的描述，而且也是人体察宇宙、人事，达到天人合一的核心思想。这种思想慢慢内化为人的情怀。如宋元之间的翁森，写了《四时读书乐》的诗，其中一首是：

> 山光照槛水绕廊，舞雩归咏春风香。
> 好鸟枝头亦朋友，落花水面皆文章。
> 蹉跎莫遣韶光老，人生惟有读书好。
> 读书之乐乐何如，绿满窗前草不除。

读书之乐不仅是知识的获得，而是与宇宙山光融为一体的自在之乐。

当代新儒家的代表人物方东美专门写了一本专著《生生之德》来阐发这种思想。方东美说：

> 中国先哲所体认的宇宙，乃是普遍生命流行的境界。天大其生，万物资始，地广其生，万物咸亨，合天地生生之大德，遂成宇宙，其中生气盎然充满，旁通统贯，毫无窒碍。我们托足宇宙中，与天地和谐，与人人感应，与物物均调，无一处不随顺普遍生命，与之合体同流。

方东美把"生生之德"作为中国人生命情调与美感的独特之

处，中国人的宇宙是艺术之意境。方东美认为，中国艺术的通性，就是在表现盎然的生意，充分表露对生命的喜悦之情，这是一种诗意化境。

以上简单描述了生生不息在儒家思想中的发展变化。这种思想对中国人影响至深，即便并非信仰儒家思想的人也深受影响。

如《晋书》中说殷仲文"少有才藻，美容貌"，是桓玄的姐夫。桓玄篡位入宫后，床忽然陷落，手下都大惊失色，殷仲文说："你的圣德深厚，所以地不能承受。"桓玄很高兴。后来桓玄被打败，殷仲文回到京都任大司马咨议，心情似乎反复不定，不再是以前那样了。大司马府官厅前面有一棵老槐树，枝叶非常松散。殷仲文月初集会，和众人同在官府厅堂上，他对着槐树看了很久，叹息说："此树婆娑，无复生意！"树无"生意"，也暗示着人没有生机了。

也有受"生生不息"的影响极端了一些的事例。《南齐书》和《南史》中都记载了一个孝义的故事。江泌小时候贫穷，白天做鞋底，夜里读书，随着月光的升起而不断改换地方。他的品性很仁义，穿的衣服很差，恐怕虱子饿死，就重新把虱子放在衣服中。过了几天，身上却没有了虱子。母亲死后，遇到鲑鱼就不忍吃，吃菜也不吃心，因为菜心"有生意也"。这个人对"生意"的理解不如儒家那样融和。

从《周易》而来的"生生"影响之大，连王莽都曾试图利用这个观念。《汉书》中写王莽篡位以后，治理混乱，贪得无厌，到处搜刮钱财，官逼民反，各地动乱不断。每当有造反，王莽就派人去镇压，但此处被镇压彼处就又兴起，王莽大怒，但又没什么好的办法。这年,赤眉力子都、樊崇等因为饥馑而相聚,从琅玡起兵,到处抄掠,部众以万数。王莽派人去镇压,没有镇压住。这时起兵的更多,王莽就下令太史改历法,广布天下,并且下诏书:"《紫阁图》中说,后世圣主获得祥瑞的,应当张乐奏终南山之上。我开始没理解,没有奉行神明指示,现在明白了。重新改宁始将军为更始将军,以顺应符命。《易》中不是说了吗?日新之谓盛德,生生之谓易。我这样改革了就会有效果的!"王莽想以此欺骗百姓,还引用"生生"的思想,来消解各地动乱的局面,结果只是制造了笑料。

二 天人合一

天人合一是中国思想最核心的观念之一。如果我们以排名的方式,来说明中国文化区别于西方或其它文化的主要特征的话,"天人合一"一定能够排上第一第二的位置上。"天人合一"将天、地、人、物一同放置在一个和谐而整体的视野中,让人能够与天地自然有一个良性的互动,从而让中国社会与中国文化得以生生延绵,也让中国传统文化成为世界和平的一个重要力量。

那么,"天人合一"是什么意思呢?"天"与"人"是怎样"合"在一起成为一体的?

关于"天"与"人"的关系问题,其实早在中国上古时期便已经有足够的注意和体认,只是上古时期人们还没有很系统、很全面地去论说"天""人"关系而已。在三四千年前的殷商时期,"天"具有崇高性、严肃性、神圣性,无论是一般的人,还是在上的统治者,大都生怕因为做坏事、做错事而得罪"天"。因为如果得罪了"天",比如君主不能顺应自然、残害百姓,那么天就会严厉

香港中文大学“天人合一”景(作者拍摄)

地惩罚他,并且将“天命”转移,让能够“替天行道”的人惩罚他,不让他和他的朝廷来治理国家,比如《尚书·汤誓》说“多夏有罪,天命殛之”,《甘誓》说“有扈氏威侮五行,怠弃三正,天用剿绝其命,今予惟恭行天之伐”。

到了周代,随着人们和治理国家者对“天”的理解和体认加深,“天”慢慢地被视作“德”的象征。“天”就是“德”,而人在天地之中,就应该自己也能够有“德”,从而“以德配天”。对于治国者来说,就是要求“以德保民”,所以《周书》中说“皇天无亲,惟德是辅;民心无常,惟惠为怀”,如果君主有德,能够以德惠及老百姓,使他们安居乐业,那么这种德行就会辅助天的自然运行,从而“天”与“人”得到良好的和平互动,带来充实生生、持续不断的社会发展。而对于想要自我修养,想要将自己的修养带给别人并让人们得到帮助的君子来说,也是要求他们能够“法天”,就是以

"天"为"榜样",从而让自己获得天的质量和品格。而天的质量品格就在于"天"有自然善美的"天德"。比如《周易》说"乾"有"元亨利贞"四种德,这四种德使得万物得以生长、成熟、保育,从而生生不息;同时《周易》说"天行健,君子以自强不息",就是说天具有刚健生生之德,因此君子也应该刚健自强不止,从而得以配和天之德。从此,先秦"天"与"人"以"德"相配合的思想,便成为"天人合一"说法的一个很强大的渊源和导向。后来中国传统的思想家便很少有"天"与"人"相分离的思想了。

在先秦诸子角逐的时代,"天人合一"在儒家和道家的思想中最能够体现出来。孔子作为儒家的创立者,虽然很少说"天道",但是他的话处处都体现出他对"天"的体认。比如他说"天生德于予"(《论语》),很自信地认为自己能够获得"天"美好质量——"德";他又说"知我者其天乎",知道他、了解他的是"天"。这表现出孔子继承了周代"以德配天"的方向。不过,孔子更喜欢用"仁"来形容这个"德"。而被古代人相传为孔子所作的《易·文言》中,则更大力发挥了"天人合一"、"天""人"以"德"相合的思想,比如书中说"与天地合其德,与日月合其时,与四时合其序",人们与天地之德相合,便能够让人类社会如天地一样,持续而和平地生生发展。孔子之后的《孟子》,也继承周代与孔子以"德"、"仁"配"天"的思想,同时他主张"尽其心者,知其性也;知其性,则知天矣",就是说通过通达自己的本心,从而知道自己的德性,知道自己的德性,那么就知道"天"了,因为德性本身就是"天"的品格。所以孟子主张"存其心,养其性",保存保养自己的本心德性,是不违背"天"的最好方法了。

道家的创立者老子也有很明显的"天人合一"的思想。老子的学说不是以孔子的“仁”为主，而是指出“自然”是天地人最最本源的道理，指出天、地、人、万物如果得到良好发展，就应该“无为”而顺应自然。所以他说“人法地，地法天，天法道，道法自然”，人以地为榜样，地以天为榜样，天以道为榜样，道则以自然为榜样，在自然的统摄下，天、地、人、道和谐地相融为一体。庄子在老子“自然”的基础上，更丰富地展现出天人合一的自然境界。他在《齐物论》中说“天地与我并生，万物与我为一”，天地、万物和我，共同在自然的统摄下形成相融无间的一个整体。庄子还说了一个故事，就是有一天，庄子梦见自己变成一只翩然轻盈的蝴蝶，而丝毫不知道自己是庄周；而当一会儿自己醒来时，却惆怅地发觉自己只是庄周而已。然而，他在怅惘之中，却有一个隐隐的疑问：我现在发现自己是庄周，但是，问题是，谁又会知道，究竟是我梦见自己是蝴蝶呢？还是蝴蝶梦见自己变成我这个庄周呢？在天人合一，在人与物、人与自然相通一体的境域中，庄子展示出了一种人生的化境。

秦汉之后的儒家，继承孔孟天人合一思想，并且从各个方面作出解释。比如宋代的张载就在《正蒙》中明确提出了“天人合一”这个词，而且他提出“民吾同胞，物吾与也”，天下百姓都是我的同胞，天地万物都是我的同类，相融一体，这是怎样的境界啊！张载说有时就算是听见驴子在鸣叫，也会觉得这种鸣叫声是如此的自然，如此的清澈响亮，如此的与自己的心灵心意相通无间。宋代程颢也有“仁者与天地万物为一体”的说法，而且他也很会形容出人与万物为一体时的心情和境界。他有一首很有名的诗，前四句说：“闲来无事不从容，睡觉东窗日已红。万物静观皆自得，四时佳兴与人同。”自己清闲自在的时候，做什么事都是那么从容淡定，就算是睡觉，一觉醒来，东边窗外的早晨的阳光，已经红彤彤、暖暖的柔和映照着；这时候，静静地观看观照天地万物，都与自己的心意心灵相通无间，无形中便有一种充实自得之意，于是便觉得春夏秋冬四时的所有美好的景致，无一不是与人们的兴致相感相通。

如此美妙充实的天人合一的境界，不知现在的人们能否体会得到呢？

三　天尊地卑

相信大家对《周易》这部经典或多或少都是知道或者了解的，因为《周易》中的许多概念和思想组成了我国优秀传统文化中不可或缺的一部分，以致后来形成了一门研究《周易》的学问，我们称之为“易学”。其实《周易》本来只是“易”的一种，另外还有“连山”易和“归藏”易，由于这两种“易”后来遗失了，所以我们今天讲的“易”基本就用《周易》来笼统地指代。

周易注疏卷第一
國子祭酒上護軍曲阜縣開國子臣孔穎達奉
勑撰
☰ 乾下乾上 乾元亨利貞 疏 正義曰乾者此卦之名謂之卦者易緯云卦者掛也言懸掛物象以示於人故謂之卦但二畫之體雖象陰陽之氣未成萬物之象未得成卦必三畫以象三才寫天地雷風水火山澤之象乃謂之卦也故繫辭云八卦成列象在其中矣是也但初有三畫雖有萬物之象於萬物變通之理猶有未盡故更重之而有六畫備萬物之形象窮天下之能事故六畫成卦也此乾卦本以象天天乃積諸陽氣而成天故此卦六爻皆陽畫成卦也此

《周易注疏》书影（摘自南宋初两浙东路茶盐司刻本）

《周易》是周代人问吉凶的卜筮之书，现存的《周易》是由两大内容组成的，一个是《经》的部分，一个是《传》的部分，《经》是指记载周人卜筮的卦辞、爻辞，“传”则是战国至西汉时期一些儒生们不断对《经》进行解说和发挥的作品集。《传》又称《易传》，它包括《彖传》上下篇、《象传》上下篇、《系辞传》上下篇、《文言传》、《说卦传》、《序卦传》和《杂卦传》，共 7 种 10 篇，故总称为"十翼"，即十篇帮助理解和解说《经》的作品。我们下面要介绍的一个重要概念就来自于《系辞传》，这就是"天尊地卑"。

《系辞》上篇说："天尊地卑，乾坤定矣。卑高以陈，贵贱位矣。动静有常，刚柔断矣。方以类聚，物以群分，吉凶生矣。在天成象，在地成形，变化见矣。是故刚荣相靡，八卦相荡，鼓之以雷霆，润之以风雨，日月运行，一寒一暑。乾道成男，坤道成女。"今天的人们一看到"天尊地卑"，就会以为"尊""卑"是指身份和地位的尊贵或低贱之别，其实我们仔细想一想就不难知道，"天"和"地"作为自然物怎么会产生身份和地位上的尊贵卑贱之别呢。可见我们在理解距离我们有二千多年的概念和说法时千万不能自以为是、望文生义，那样只会给我们通向正确认识的道路带来阻碍。如此一来，我们还是需要尽量结合当时的文字含义和思想情况来做尽可能的合理解释。

我们知道，《系辞》在这里说的主要是一套宇宙论的东西，就是解释关于宇宙是如何形成、发展及演变的，其中还讨论了人在宇宙中的地位、作用及衍生等问题。"天尊地卑，乾坤定矣"，指的是天阳气轻扬在上，故曰"尊"，就是"高"的意思；地阴气浊重沉于下，故曰"卑"，就是"低"的意思。《系辞》认为，如此阳气在上，阴气在下，那么天地的位置也就定下来了，即"乾坤定矣"。所以《系辞》这里的整句话就是说："天尊而高，地卑而低，那么乾为天为高为阳、坤为地为低为阴的象征就确定了。卑低、尊高一经陈列，所以《易经》中象征的人类分工就出现了。天地间万事万物动极必静，静极必动，动静有一定的常态，《易经》中阳刚阴柔，阳极生阴，阴极生阳的道理，也就由此断定可知了。天下人各以其道而以类相聚，物各以其群而以类相分。同于君子同于善的事物就是吉，同于小人同于恶的事物就是凶。在天成就日月星辰昼夜晦冥的现象，在地成就山川河流的形态，而人世间万事万物错综复杂的变化，由此可以明显看到了。所以宇宙间，阴和阳不断地摩荡变化，八卦所代表的八种天地间的八个基本物象，不停地相与变化，由此产生了宇宙之物。比如，以雷霆之气，鼓动万物的生机；以风雨疏散润泽万物的气机。日月的运行，就构成了人间的昼夜寒暑，乾为天为父为阳，是构成男性的象征；坤为地为母为阴，是构成女性的象征。"

其实，"天尊地卑"的说法出现在先秦的另外一些古典著作中，它们基本继承了《周易・系辞》的意思。如《礼记・乐记》就说：

> 天尊地卑，乾坤定矣。卑高以陈，贵贱位矣。动静有常，小大殊矣。方以类聚，物以群分，则性命不同矣。在天成象，在地成形，如此则礼者天地之别也。地气上齐，天气下降，阴阳相摩，天地相荡，鼓之以雷霆，奋之以风雨，动之以四时，暖之以日月，而百化兴焉。如此则乐者天地之和也。

《庄子・天道》也说：

> 夫天尊先后，天地之行也，故圣人取象焉。天尊地卑，

神明之位也。春夏先，秋冬后，四时之序也。

可见，上面说的“天尊地卑”基本是从宇宙演化和生成的角度来讲的，与《系辞》相比，意思上并没有发生根本转变。

然而到了战国后期，情况发生了变化。《庄子·天下》篇中记载了惠施的思想，惠施说：“天与地卑，山与泽平。”惠施是我国古代著名的辩士，他善于辨析名称与概念，用今天的话讲，就是擅长逻辑分析和逻辑论证。惠施认为天的高与地的低、山的高与泽（湖泊）的低都是相对的，因为高低只是相对而言，现实中存在此处的天与另一处的地同样低的情况，也存在有的山与泽同样高的情况。举个例子就好理解了，比如庐山上有个牯岭镇，那里的泽（湖泊）的高度就与一般的山不相上下，可谓“山与泽平”。从惠施的说法我们就能知道，《周易·系辞》中创设而来的“天尊地卑”的说法受到了挑战，得到了转化。但是，我们需要指出的是，惠施是从逻辑论辩的角度来说明天地尊卑的问题的，这与《周易·系辞》的说法已经不在一个层面上了，而且，惠施的这种说法在后来的文化中并没有产生多大的影响。

之所以说“天尊地卑”的说法能在今天产生影响并引起人们的警惕和反感，是因为它与从它衍生出来的“男尊女卑”、“君尊臣卑”等观念或思想似乎很有干系。的确，我们不否认人们可能从“天尊地卑”推出“男尊女卑”、“君尊臣卑”等今天看来十分消极、腐旧的思想观念，我们要弄清的是，这种现象从何时产生的、怎样形成的呢？

在我国古代思想史上，将“天尊地卑”直接与“男尊女卑”、“君尊臣卑”和“父尊子卑”相关联的做法始于西汉，并盛行于两汉，这其中尤其以董仲舒的作用与影响最为突出。我们知道，西汉的统治者需要一整套理论体系来确立和保证新生的政权，保障社会安定和促进经济发展，而董仲舒的任务就是为政治统治和社会发展提供顺应时代的理论。在当时，“黄老之学”和“谶纬之学”十分流行，而且在社会上有着相当广泛的传播和影响，对人心的调控和导向作用很是明显。董仲舒对“黄老之学”和“谶纬之学”都有深入的观察和全面的吸收，在此基础上形成了他的“天人感应论”的神学宇宙论体系。所谓“黄老之学”，简单地说，就是假借“黄帝”、“老子”的名号，其实是道家思想、法家思想，以及其他各种思想的结合，它宣扬“无为而治”、“休养生息”的政治主张；而所谓的“谶纬之学”，“谶”，就是假借神仙圣人之语预言吉凶祸福；“纬”，则是以迷信方术、预言来附会儒家经典。

董仲舒的“天人感应论”的神学宇宙论体系正是在综合“黄老之学”和“谶纬之学”的基础上来进行他自己理论创造的，反过来，“天人感应论”学说又进一步为“谶纬之学”提供了理论根据。在“天人感应论”的神学宇宙论体系中，董仲舒首先认为“天者，百神之大君也”，就是说，他把“天”看作是至高无上的神灵，是有意志有人格的造物主；不仅如此，董仲舒进而认为“为人者天也”，即人也是天的创造物，受天的主宰。董仲舒最后提出，人与天是相符合相感应的，他举例说，天有四时，人则有四肢；天有五行金、木、水、火、土，人则有五脏心、肝、脾、肺、肾；天有366日，人则有366骨节。再如，天打雷下雨，人身上的某个部位就会疼痛；天有“异象”，社会的某个地方就会有灾难或祸害。可见，董仲舒的这套说法是有一定的系统性的，也能解释天人之间的关联，而且看来似乎都比较可信。因此我们就不难想见董仲舒的这一套理论在当时有着多大多深的影响力了。

很自然地，董仲舒也把他的这套“尊天受命”的理论运用于社会伦理思想和政治统治思想上，由此他创建并主张要“尊君”，因为君主是“天”在人间的代表；依此而论，父子之间要“尊父”，夫妇之间要“尊夫”。这基本就是董仲舒所说的“三纲”，即“君为臣纲”、“父为子纲”和“夫为妇纲”。

后来，汉章帝于公元 79 年主持召开白虎观会议，将董仲舒的“三纲”思想进一步确立和制度化，所以时至今日，国人的观念里在一定的程度上仍然残留着“三纲”的思想痕迹。“三纲”的观念如此难以清除，这首先与古代统治者们的长期支持和推崇有莫大的关系。然而必须指出的是，我们说“天尊地卑”本没有包含“三纲”的思想，不过是由于后来学者的鼓动和阐说而显得看来如此罢了。这一点必须分清。

四　否极泰来

据《辞源》“否泰”条解释：“天地交谓之泰，天地不交谓之否。故以言运数之穷通，亦曰否泰。”现代的解释，即“泰”就是顺利；“否”就是失利；极，即尽头的意思。所以，“否极泰来”的通俗意思是，坏运气达到了尽头，好运就将开始了；或者，逆境达到极点，就会向顺境转化，“否”就会转化为“泰”。与“否极泰来”意义相近的词有：苦尽甘来，月盈则亏等。

“否极泰来”的说法最初可以追溯到《周易》。“否”音四，“否”和“泰”是《周易》中的两个卦名。《泰》卦下乾上坤，乾代表天，为阳气；坤代表地，为阴气。在下的阳气轻，要上升；在上的阴气重，要下降。《泰》卦处在阴阳交感、天地交泰之时，所以无比的通泰舒畅。因此之故，《泰》卦又称“地天泰”、“消息卦”，因为它最能反映阴阳消长的消息。在结构上，与《泰》卦恰成相反，《否》卦下坤上乾，在上的阳气还要上升，在下的阴气还要下降，双方难以相接，各自越来越幽闭，万物不生，政治陷入黑暗，故称“天地否”。否者，闭塞也，正与泰反。《泰》、《否》二卦，即《乾》、《坤》二卦之征候。《易传·序卦传》认为：“《泰》者，通也，物不可终通，故受之以《否》。”这句话的意思是，通畅不可能一直继续下去，通畅之后，接着就是闭塞了，所以《否》卦紧随《泰》卦而来。中国古代素有“物极必反”的思想，这是来自人们通过长久以来对自然万物的观察后得出的结论，是对宇宙普遍法则和阴阳消长变化的精准把握和高度概括，而“否极泰来”正是这一哲学思想的运用。

既然“否极泰来”是从自然万物发展现象中总结出来的，那么这一规律在自然界得到验证应该是没问题的。例如，我们可以经常观察到的“月盈则亏”现象，十五、十六的月亮最圆，已经达到了顶点，但是过了十五、十六后，月亮就不圆了。月圆与月缺，是我们能够观察到的两种明显不同的现象。在月圆与月缺之间，后者所持续的时间明显更长些，需要再进一步思考的是，为什么我们相对来说不那么注意月缺时的程度变化，却那么关注月圆的那个特定状态？竟然将月圆与圆缺截然分开！除十五、十六外，也还有初七、八，不是吗？月圆不就是月缺渐变而来的吗？由此可见，人类似乎倾向于以自己独特的方式来认识和把握这个世界。

在描述自然界现象时，否极泰来似乎很吃得开，那么在我们人类所组成的社会中是否也是如此呢？或者，这个说法压根就是从社会经验中总结出来的呢?

讲到阴阳消长,我们会想到自然万物的变化,但是“泰”、“否”这两个词似乎就已经很人类化了,或者说人的味道已经很浓了。在人类社会,“否极泰来”被经常用来描述“小人道长,君子道消”、祸福相依、成败互含、盛衰无常、乐极生悲、时来运转之类的。但是在人类社会,这个转变并不像自然界那样简单,而是包含着一定的人力因素,或促成这种转变,或延缓这种转变;当然也有认为要顺其自然的,其典型的代表就是道家,后来的很多文人受其影响。

事物发展到了极点,就会发生变化,转化到这个事物的对立面。这不仅是宇宙法则,它也常常被人们用来激励自己在转变之前坚持下去,正是这种对前景的预期给予了人们在苦难中奋斗下去的勇气。唐朝韦庄在其诗《湘中作》中说:“否极泰来终可待。”否极泰来,是辩证的规律,也是信仰的理性、理想的寄托、精神的支柱,也是忧患意识的表征,体现了价值观的内涵。《吴越春秋·勾践入臣外传》:“时过于期,否终则泰。”勾践卧薪尝胆,为的是有一日打败吴国,复国雪耻,而“否极泰来”的信念无疑在这一努力中起了非常重要的作用。

关于“否极泰来”,最为我们所熟知的一个的故事是“塞翁失马”。故事是这样的:有一个住在边塞的老人,他非常善于推测吉凶、掌握术数,有一次他的马无缘无故跑入胡地。人们都要安慰他,他却说:“焉知非福?”过了几个月,他的马将胡人的骏马带了许多回来。这时人们都祝贺他,而他却说:“焉知非祸?”因为家中有了很多好马,他的儿子爱好骑马,结果从马上掉下来摔断大腿。人们都前来慰问他。那老人却又说:“焉知非福?”过了一年，胡人大举入侵边塞，健壮男子都拿起武器去作战。边塞附近的人，死亡的占了十分之九。这个老人的儿子因为腿瘸的缘故免于征战，父子俩一同保全了性命。

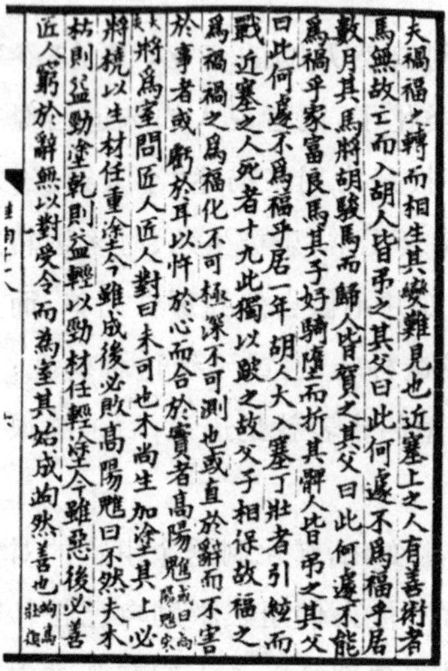

夫禍福之轉而相生其變難見也近塞上之人有善術者馬無故亡而入胡人皆弔之其父曰此何遽不爲福乎居數月其馬將胡駿馬而歸人皆賀之其父曰此何遽不能爲禍乎家富良馬其子好騎墮而折其髀人皆弔之其父曰此何遽不爲福乎居一年胡人大入塞丁壯者引絃而戰近塞之人死者十九此獨以跛之故父子相保故福之爲禍禍之爲福化不可極深不可測也或直於辭而不害於事者或虧於耳以忤於心而合於實者高陽魋（或曰高陽魋宋大夫）將爲室問匠人匠人對曰未可也木尚生加塗其上必將撓以生材任重塗今雖成後必敗高陽魋曰不然夫木枯則益勁塗乾則益輕以勁材任輕塗今雖惡後必善匠人窮於辭無以對受令而爲室其始成竘然善也（竘高壯貌）

见于《淮南子·人间训》中的“塞翁失马”故事（摘自《淮南子》，四部丛刊本）

“塞翁失马”的故事其实包含了几个小故事，是由两组“否极泰来”和“泰极否来”的故事组成。这些小故事组在一起，让我们非常清晰地看到“祸兮福之所倚，福兮祸之所伏”这种老庄辩证思想的痕迹。在老子《道德经》中这种辩证思想到处可见，他的那句“反者，道之动”是对“物极必反”、“否极泰来”等规律的高度浓缩。道家的这种辩证思想对后来的中国文化影响非常之大。

在很多著名的文学作品中，我们也都可以看到“否极泰来”的生动运用，例如老舍《四世同堂》中：“莫非否极泰来，要转好运么？”明朝南调《西厢记·月下佳期》中甚至让我们看到了“否极泰来”在爱情中的运用：“亏你真心耐，志诚捱，小姐的心回意转，张生你否极泰来。”

但是我们读白居易的诗《遣怀》：

乐往必悲生，泰来由否极。

谁言此数然，吾道何终塞。

尝求詹尹卜，拂龟竟默默。

亦曾仰问天，天但苍苍色。

自兹唯委命，名利心双息。

近日转安闲，乡园亦休忆。

回看世间苦，苦在求不得。

我今无所求，庶离忧悲域。

这里白居易竟然将“否极泰来”的转变所需要的努力委之自然，自然就不得要领了，而且显得消极。

说到淋漓尽致地呈现“否极泰来”之盛衰无常，我们不得不提起曹雪芹的《红楼梦》，这是一部中国社会的百科全书式的著作。其中关于物极必反的例子可谓信手拈来：《红楼梦》第五回把秦可卿描述成贾母心中的一个“极妥当的人，生的袅娜纤巧，行事又温柔和平，乃众孙媳中第一个得意之人”。贾母何等阅历，如此评价自然相当精准，这从她和凤姐的关系也可以看出来。但是这么一个尊贵而极有前途的媳妇却早夭了，我们不得不叹息世事祸福无常。在秦可卿给凤姐的托梦中，我们也可以看到这种对于“盛筵必散”的无奈，而唯有早做准备方可不至于一败涂地，这也是《周易・否卦》教导我们的。后来贾家果然一败涂地，最后落得“白茫茫一大片”，就是凤姐当年那样叱咤风云的人物，最终也只落得个“强命逞英雄”的下场，其他人就更不用说了。有人因此而说《红楼梦》是部讲盛衰的书，有强烈的宿命论色彩。但是需要注意的是，曹雪芹却并不是个消极的人，书中的贾宝玉尽管有时也想到要归于老庄，但是那只是偶尔的想法，而他绝大部分时间则在忙他自己的“事业”。由此可见，古人对于结局尽管多少怀有一种悲观的态度（这是科学认识所限），但他们并没有否定人力可以作出局部的改变，而这正是幸福的源泉，我想曹雪芹也是这样，不然他写这一部“荒唐言”有什么意义呢！

“否极泰来”作为一个中华民族古已有之的经验论断，对自然万物的认识可谓有其独到的价值，即便是在人类社会之中也有它的解释效力，但是需要注意的是，我们不能消极地直接把它拿来作为我们处世的态度，否则，我们将会经常碰壁，而是要以慎思明辨的态度，有所保留地使用它，这样我们才能够使这一被古人总结出来的规律焕发出新的活力。

五　天理循环

“天理循环”一词在我国历史上出现较晚，但是“天理”一词却早在先秦就出现了，先秦时期运用到“天理”一词的文献有《文子》、《庄子》、《韩非子》、《礼记》等。在讲“天理循环”一词之前，若是能对“天理”一词有所了解，将会加深我们对前者的理解。我们可以先来逐一考察下“天理”最初都有些什么意思。

《文子》之《道原》篇讲：

> 智与物接而好憎生焉，好憎成形而智怵于外，不能反己而天理灭矣。是故圣人不以人易天，外与物化而内不失情，故通于道者反于清静，究于物者终于无为，以恬养智，以漠合神，即乎无门，循天者与道游也。

我们知道文子是属于道家学派中的著名学者，这段文字就非常明显地反映出了他对老子清静无为思想的推崇，并将“天理”等同于本性清净无为，而如果有好恶、有知识便是灭了这“天理”，所以他要求“不以欲乱情”。在《自然》篇中他又提出：“凡事之要，必从一始时为之纪，自古及今未尝变易谓之天理。”这就是说“天理”是永恒的，是常道。

我们再来看看道家学派另一著名学者庄子的说法，《庄子》内篇之养生主第三在谈到庖丁解牛时说：“依乎天理，批大郤，导大窾，因其固然，技经肯綮之未尝，而况大軱乎！”这句话的大意是说，庖丁在解剖牛时顺着牛的骨架结构，刀从缝隙处下去，遵循它本身的特点，这样解剖恰到好处而没有丝毫阻碍。进一步说即是，遵循事物本身固有特点，做事会迎刃而解，轻而易举。在这里“天理”有事物本身特点的意思。在《庄子》外篇之天运第十四中又谈道：

> 夫至乐者，先应之以人事，顺之以天理，行之以五德，应之以自然，然后调理四时，太和万物。四时迭起，万物循生；一盛一衰，文武伦经；一清一浊，阴阳调和，流光其声。

在这里“天理”有日月星辰运行规律的意思，比之前面事物本身固有特点又自不同。

认为“天理”是天道即日月星辰运转规律的先秦著名学者还有韩非子。在《韩非子》之《大体第二十九》中，韩非子写道：

> 古之全大体者，望天地、观江海、因山谷，日月所照，四时所行，云布风动；不以智累心，不以私累己；寄治乱于法术，托是非于赏罚，属轻重于权衡；不逆天理，不伤情性，不吹毛而求小疵，不洗垢而察难知，不引绳之外，不推绳之内，不急法之外，不缓法之内，守成理因自然，祸福生乎道法而不出乎爱恶，荣辱之责在乎己而不在乎人。

我们知道韩非子是法家代表人物，其理论基础即“人皆挟自私自利之心”，并且他是荀子的学生，他的自然观与人性论都是从荀子那里继承而来的。荀子认为天道自然，而韩非子在使用“天理”的时候，实质上是在天道的意义上使用它，“天理”即自然法则。

与以上诸子不同，“天理”一词在《礼记》那里开始了它的伦理化倾向，《乐记》第十九中讲道：

> 人生而静，天之性也，感于物而动，性之欲也。物至知知，然后好恶形焉。好恶无节于内，知诱于外，不能反躬，天理灭矣。夫物之感人无穷，而人之好恶无节，则是物至而人化物也。人化物也者，灭天理而穷人欲者也。

这里“天理”一词的意思明显淡化了自然规律的意义，而是一转为道德规范，有节制的意思，等同于礼仪规范。《礼记》对于“天理”的解释为宋代理学提供了一个本体论的范畴，为二程“天理”张了本。

综上所述，“天理”一词大致有这么几种意义，一是道家的清静无为人性，一是事物固有特点，一是日月星辰运转规律，一是普遍的自然法则，一是道德规范。但是随着历史的发展，前面几种意义渐渐地淡出舞台，到了宋代，就基本只剩下自然法则与道德规范两种意义了。现在我们来看看“天理循环”。

许仲琳在其著作《封神演义》卷二十第一百回《武王封列国诸侯》中题诗道：

> 天理循环若转车，有成有败更无差。
> 往来消长应堪笑，反复兴衰苦可嗟。
> 夏桀南巢风里烛，商辛焚死浪中花。
> 古今吊伐皆如此，惟有忠魂傍日斜。

在这里，“天理”似乎又与前面都不同了，因为作者是在社会范围内使用它，指政治兴衰的规律；而“天理循环”则意味着在遵循这一不变规律的情况下，各种社会现象纷纷呈现在历史的舞台上，大有“你方唱罢我登场”、“风水轮流转”的味道，只不过这背后的确有一支撑规律节制着。

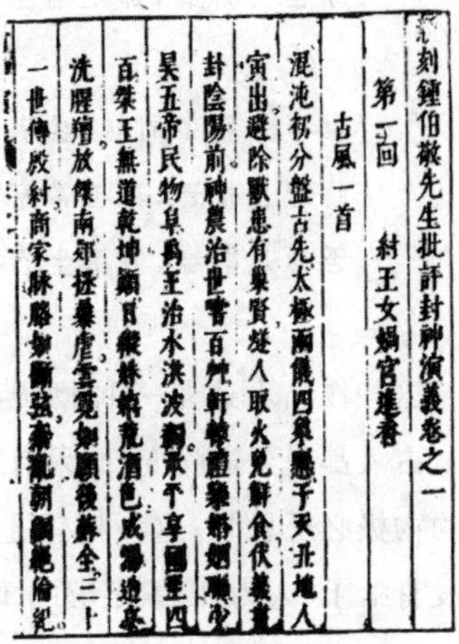
新刻鍾伯敬先生批評封神演義卷之一
第一回　紂王女媧宮進香
古風一首
混沌初分盤古先太極兩儀四象懸子天丑地人
寅出避除獸患有巢賢燧人取火免鮮食伏羲畫
卦陰陽前神農治世嘗百艸軒轅禮樂婚姻聯少
昊五帝民物阜禹王治水洪波蠲承平享國至四
百桀王無道乾坤顛日縱妹喜荒酒色成湯造亳
洗腥羶放桀南巢拯暴虐雲霓如願後蘇全三十
一世傳殷紂商家脉絡如斷弦紊亂朝綱絕倫紀

《封神演义》书影（摘自《古本小说集成》，上海：上海古籍出版社，1994 年）

再来看看明代的一位作家对“天理循环”的感受，薛论道在其著作《林石逸兴》卷九，

〔步步娇〕一百首之《天理》中写道：

世事如棋多成败，富贵谁不爱，
造物最明白，算来都是家债，
一废对一兴，一利还一害。

世事如凡多走滚，那个长安稳，
巧富转拙贫，天理循环十分准，
一苦对一甜，一益还一损。

世事如灯多明灭，富贵如花谢，
伶俐转痴呆，造化周回毫不借，
今世受折磨，都是前生业。

世事如环多周转，盛满谁长远，
物理自推迁，蹇者常亨亨常蹇，
否泰是前缘，何用生褒贬。

这些作品表达了一种物极必反、盛衰互转、物必有对的想法。古人都说天道尚变，而只有“变”是不变的，并且总是《易经》里的物极必反思想，这大概就是“天理循环”了。但是这里面因为没有给予“人为”因素足够的重视，而只是强调这些都是“天理循环”的必然结果，总让感觉有点宿命论的味道。这样的例子在我国古代可谓不胜枚举。

例如明代的杨子器所撰《（弘治）常熟县志》卷四记载这么一

段故事：

徐洪，字彦弘，家世殷富，俗号徐半州。胡元弊政多为欺田粮，国初更化彦弘，知其不可谕，干人潘珪曰：废兴存亡，天理循环，吾家世极盛矣，必有代谢尔，宜承吾业，遂将田宅立虚券卖以珪立户，承当赋税，彦弘挈妻子居宣化门外先陇之侧，寿考康宁年九十而卒，自号桃源小隐。

这里把政局的恶化与自己的废兴看做是“天理循环”，而最终采取逃避的态度。

除此之外，我国古代的人把生死也看做是“天理循环”，清代成瓘所撰的《（道光）济南府志》卷六十二就记载着这么一个故事：

李质醇，字厚庵，洪洞人，晚游淄川遂家焉。年七旬，一日偶疾，整衣冠别亲知，饮酒三卮，援笔书其像曰：心正、身修、气静、神闲，皞皞乎其在羲皇之间，解所佩玉环遗其子钟昆，曰：天理循环当如此矣。语毕而逝，著有《烧炉新语》十卷。

在《论语》中，甚至孔子也对此感到迷茫。伯牛有疾，子问之，自牖执其手，曰：“亡之，命矣夫！斯人也而有斯疾也！斯人也而有斯疾也！”按孔子想法，伯牛算得上是位君子，但是他却早死，实属不该，这就是命，一个我国古代没有很好地进行解答的谜。

但是关于这个“天理循环”，我国古人也有看到其积极的一面，例如清代李道平所撰《周易集解纂疏》卷七中讲道：否泰剥复，天理循环，故离散之道不可终行，宜当节以止之，庶涣者不终涣矣。《彖传》曰：节以制度礼乐。《记》曰：天高地下，万物散殊而礼制行矣。因高下散殊而制礼，即涣受以节之义也。这即是说这个带有物极必反特点的“天理循环”，也可以成为礼乐制度的一个理路基础，为其合理性提供说明。

在佛教传入我国以后，“天理循环”还多了一层意思，并且大有取代“物极必反”的意思，这就是“因果报应”。因果报应原是佛教用语，指种善因得善果，种恶因得恶果，后来专指种恶因得恶果，即做了坏事会遭到报应。这样一种观点之所以能够成立，是因为我国古人天真地认为天能主持公道，善恶报应分明。在他们心目中，天不仅仅只是个自然的天，也还有价值天的意思，这算是人们的一种美好愿望吧。古人常说的所谓冥冥之中自有天意，说的是命运在循环中，会惩恶扬善。

六　阴阳八卦

虽然本文的题目是阴阳八卦，然而阴阳和八卦两个概念在最初是相互独立的，而且就实际的产生顺序而言，“阴阳”观念的产生也是晚于八卦的。

关于八卦的产生，《易·系辞下》曰：

> 古者包牺氏之王天下也。仰则观象于天，俯则观法于地，观鸟兽之文，与地之宜，近取诸身，远取诸物，于是始作八卦，以通神明之德，以类万物之情。

此说虽未必真实可信，但据此可推想，在上古之世，文字尚未出现之时，先民们即通过观察天象、地理、鸟兽虫鱼等自然现象，用“⚋”和“⚊”两个符号来代表宇宙中的两种对立统一、相反相成的属性，后来又把两个符号排列组合起来成为三画，如☵、☲，这样成了八个卦象：乾☰、坤☷、震☳、巽☴、坎☵、离☲、艮☶、兑☱，称作八卦，用以象征自然界的生成变化各种现象。

阴阳思想的出现也是很早的，可能起源于历法和季节的变化，这大概与我国古代的农业生产有一定的关系。《说文》说：水之南山之北为阴，山之南水之北为阳。然而阴阳作为哲学概念的产生相对较晚，西周末年三川地震，伯阳父认为是“阳伏不能出，阴迫不能蒸”所引发，标志着阴阳对立统一观念的基本形成。后来在春秋战国时期，阴阳学说又有进一步的发展，阴阳观念又与五行观念结合，以致后来形成先秦六大学派之一的阴阳家。

《庄子》中说：“《易》以道阴阳。”虽然《易经》明确用“⚋”和“⚊”两个符号来代表宇宙中的两种对立统一、相反相成的属性，并由之组成了乾与坤、否与泰、剥与复、谦与豫、损与益等具有对立性质的卦画，但是在《易经》的卦爻辞中并未出现阴阳之名。阴阳观念与《易经》的结合还有待于《易传》的发挥，《易传》相传为孔子所作，自宋司马光对这一说法就有质疑，直到现在仍无定论，我们不妨将之视为孔子参与、后人整理而成的结果。《乾》卦初九《象》辞说：“‘潜龙勿用’，阳在下也。”《坤》卦初六《象》辞说：“‘履霜’、‘坚冰’，阴始凝也。”《泰》卦《象》辞说：“内阳而外阴。”《否》卦《彖》辞说：“内阴而外阳。”正式将“—”称阳，将“--”称阴。

至于“阴阳”的所指，通过分析《十翼》可以大致了解。阴阳之义约有以下几种：一、指阴阳二气，如《乾·文言》说：“‘潜龙勿用’，阳气潜藏”，又《咸》卦《彖》辞说：“二气感应以相与”。二、代表宇宙间相互对立的两类物象。如《说卦》：“观变于阴阳而立卦”、“立天之道，曰阴与阳”等，作《易》的人观察物之阴阳变化，因而立卦之阴阳两种，象物之阴阳两类，以卦之变化象物之变化。三、指相互对立的两种性质，阳主刚健，阴主柔顺。四、指阴卦和阳卦，《系辞下》中说：“阳卦多阴，阴卦多阳，其故何也？阳卦奇，阴卦偶”。这里的阴卦阳卦便是就八卦而说，下面简单谈谈八卦的内容。

八卦之作，据《易传》的说法，始于伏羲氏，上文已说到。相传在伏羲氏之时只有八卦，后来经周文王推演“八卦相错”而成六十四卦，具体的历史事实已不可考。八卦又称八经卦、八单卦，每卦由三爻组成。不同的卦名拟取不同的象征物（卦象），表示各自的象征意义（卦德）。据《说卦传》，八卦的卦德分别是：“乾，健也。坤，顺也。震，动也。巽，入也。坎，陷也。离，丽也。艮，止也。兑，说也。”相应地八卦又与八种自然现象相配：乾为天、坤为地、震为雷、巽为风、坎为水、离为火、艮为山、兑为泽。八卦又可象征八种不同的动物：“乾为马，坤为牛，震为龙，巽为鸡，坎为豕，离为雉，艮为狗，兑为羊。”以人的身体为喻，八卦分别取象为：“乾为首，坤为腹，震为足，巽为股，坎为耳，离为目，艮为手，兑为口。”以上这些都只是八卦的基本取象，在此之外八卦尚有很多象征物。

八卦之间的关系可以做两点说明。据《系辞下》:“阳卦多阴,阴卦多阳,其故何也?阳卦奇,阴卦偶”,可以看出八卦分为阴卦和阳卦两种,所谓“阳卦多阴”说的是一卦的三爻里阴爻数量多于阳爻数量的就是阳卦,分别有:乾、震、离、艮;“阴卦多阳”指一卦的三爻里阳爻数量多于阴爻数量的就是阴卦,分别有:坤、巽、坎、兑。八卦又有父母子女的关系,《说卦传》:“乾,天也,故称乎父。坤,地也,故称乎母。震一索而得男,故谓之长男。巽一索而得女,故谓之长女。坎再索而得男,故谓之中男。离再索而得女,故谓之中女。艮三索而得男,故谓之少男。兑三索而得女,故谓之少女。”乾坤称为父母卦,震卦的第一爻(次序从下往上,原因如《乾凿度》所说:“易气从下生”)为阳爻,上两爻为阴爻,故称长男;巽卦第一爻为阴爻,上两爻为阳爻,故称长女。余可类推。

关于八卦的方位问题,有先天卦位和后天卦位两种。这一理论来自宋代易学,据朱熹的说法,先天图传自邵雍,邵雍受之于宋初华山道士陈抟。八卦次序及方位分先天、后天的观点遭到后来黄宗羲等人的批判,但是也有很多人支持,成为易学史上的一大公案。这里不妨对之做一简要的介绍。先天图假托开始于伏羲,以作于伏羲画卦之始,故称先天;后天图假托开始于周文王,以文王演易于八卦已作之后,故称后天。

这两种次序方位都可以在《说卦传》中找到证据,其中“天地定位,山泽通气,雷风相薄,水火不相射。八卦相错:数往者顺,知来者逆。是故《易》逆数也”。这一节便是讲的先天卦位,用图表示如下:

前天八卦图

因为图中乾在南，坤在北，所以也称“乾南坤北图”。

“万物出乎震，震，东方也。齐乎巽，巽，东南也。……离也者，明也，万物皆相见，南方之卦也。……坤也者，地也，万物皆致养焉。故曰致役乎坤。兑，正秋也，万物之所说也。故曰说言乎兑。战乎乾，乾，西北之卦也，言阴阳相薄也。坎者，水也，正北方之卦也……艮，东北之卦也，万物之所成终而所成始也。故曰成言乎艮。”这一段可对应于后天方位，图示如下：

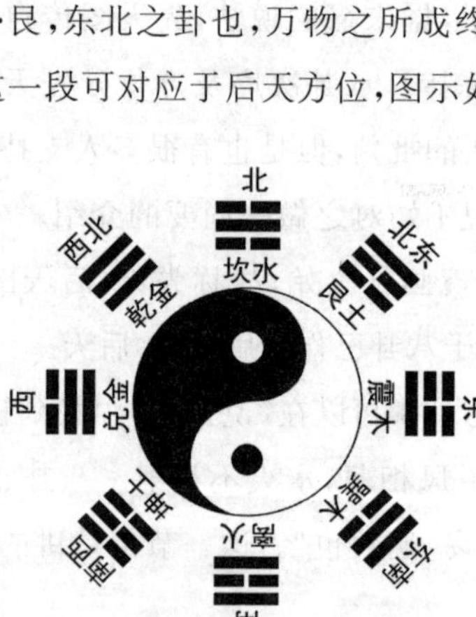

后天八卦图

那么八卦是如何产生的呢？对此并没有一个一定的答案，不过可以通过分析，而有一个大致的了解。据《系辞下》中的说法八卦是伏羲氏通过仰观俯察而画，但《系辞上》又言："《易》有太极，是生两仪，两仪生四象，四象生八卦，八卦定吉凶，吉凶生大业。"意思是说《易》道孕育了太极一气，太极又生出了天地阴阳两仪，两仪又生出了少阳、老阳、少阴、老阴四象，四象生出了八卦，八卦可以指导人们判断吉凶，懂得趋吉避凶就可以创建大业。有些学者认为这是揲蓍算卦的过程，也有学者认为这是古人对天地自然规律进行的哲学抽象，莫衷一是，但都又言之成理。大概《系辞》的两处记载反映了古人对自然的感性观察和在此观察基础上进行哲学抽象的两个阶段，这也符合人类认识的次序和进程。

"《易》之为书也，广大悉备"非片语只言所能道明。以上对阴阳和八卦所作的介绍主要是在易学的范围内展开的。阴阳八卦的观念旁涉中国古代天文、历法，声律、地理、医学、占卜、堪舆、风水诸方面，有意于了解或研究的读者可以通过阅读相关文献，做更深入和专门的学习。

七 天命观

中国人很相信天命，喜欢说"这是天意"、"这是命里决定的"这样的话，这样的话语中隐含的观念就是天命观。"天命"思想对于中国文化思想来说，具有非常原本性、根基性的意义。《史记》的五帝本纪注中说，挚在位九年，政治治理不是很高明，但是唐侯德盛，诸侯都归附唐侯，挚很佩服唐侯，率领群臣到唐侯那里把王位禅让给唐侯，唐侯"自知有天命"，就欣然答应了。

“天”的本意指人的头顶。段玉裁在《说文解字注》说:“至高无上,从一大。至高无上是其大无有二也。故从一大。”也就是说“大”的上面加上“一”就是“天”。“天”与“帝”不同,“帝”是一种带有神话色彩的人格神,而“天”是一种至高无上的力量。周代人把“天”与“帝”区分开,对“天”重新构建,把天的权威重点放在“命哲,命吉凶,命历年”的层面上。因此天就有决定圣哲、决定吉凶、决定寿命长短的绝对支配力量。古人很相信天的决定力量。比如《史记》中记载项羽兵败乌江自刎前就说:“天亡我,非战之罪也。”《汉书》中记载李陵与匈奴作战,他的军候管敢投降了匈奴,将军事机密透露给匈奴。李陵被困在谷中,士卒死伤无数。黄昏后,李陵穿便衣独步出营,对左右说:“不要跟着我,大丈夫一人就可取单于首级!”过了很久,李陵返还,叹息说:“兵败,必死无疑了!”手下军吏说:“将军威震匈奴,天命不遂,只要能回去,天子还是会对你很礼遇的。”李陵说:“我若不死,非壮士。”于是与韩延年率军试图突围,韩延年战死。李陵没有办法,只好投降,手下四百多人得以免死。在李陵悲怆的事迹中,战事不利,手下将士也认为是“天命不遂”的原因。

同时,“天”还被赋予道德意义,《吕刑》说:“惟克天德。”“天德”是指上天立下的道德准则。上天监察世间统治的好坏,就拿这个标准去衡量。周人赋予天以至善和赏罚明辨的特性,使天成为人世间王权的监督者。一个明德的君王,上天会把大命交给他。如果德行不好,天就夺取其天子之命。《史记》中说,商汤很有德行,出去游猎看见围猎时四面都张着网,于是下令去掉三面,只留下一面网,祝词说:“想往左逃就往左,想往右就往右,不要命的,才撞进我的网中。”诸侯听说了,都赞叹:“汤的品德这样高啊，都惠及到了禽兽。”当时，夏桀虐政淫荒，汤告诉诸侯说：“现在夏桀多罪，天命殛之。”汤就兴师率领诸侯，征伐夏桀。《史记》中也记载，周武王讨伐商纣，殷之祖伊听到消息，非常害怕，告诉纣。纣却说：“不有天命乎？是何能为！”认为天命还在自己身上，就无所忌惮，结果国破身亡。

在天命的决定力量之下，人的力量也要考虑。《尚书》中，周公认为周的基业能否长久，除了天命，人德很重要。周公说：“商王朝的覆灭在于失德，违背了上天的旨意。天虽然降大命给我们，诚心的帮助我们，但我们千万不可以忽视它的威罚，让民众产生不满的情绪，一切都在人为。”《宋史》中，名臣李纲也上表给皇帝说：“何谓务尽人事？夫天人之道，其实一致，人之所为，即天之所为也。人事尽于前，则天理应于后，此自然之符也。”就认为天与人之道，其实是一致的。若果人事做得好，就符合天道。所以李纲劝告皇帝“尽人事以听天命”，振作起来，恢复国土必有希望。

宋刊本《史记》书影（摘自《史记（修订本）》，北京：中华书局，2013年）

“天命”有时也可称为“命”，也就是天对人世的决定。《论语》中子夏说：“商闻之矣，死生有命，富贵在天。”又说“子罕言利与命”。这里的“命”就是天命在人身上的体现。“天命”中包含着必然性命运。古代的皇帝们都相信这一点。《史记》汉高祖刘邦曾被流矢所中,后来出行中生了病,病得非常厉害。吕后连忙召见良医,医生拜见之后,高祖问医情。医生说:“病可以治。”高祖大骂他说:“吾以布衣提三尺剑取天下,此非天命乎?命乃在天,虽扁鹊何益!”就不让医生医治,赐给医生金银了事。《宋史》中说真宗出生时赤光照室,左脚趾有花纹成“天”字。年幼时就很聪明,太祖很喜欢他。有一次与太祖一起登万岁殿,就跑到御榻坐在上面,太祖很惊奇,抚着他头问:“天子好做吗?”他回答:“由天命耳。”太祖听了非常喜欢。

孔子说:“吾十有五而志于学,三十而立,四十而不惑,五十而知天命,六十而耳顺,七十而从心所欲不逾距。”“知天命”就是对天意的必然性的理解与把握,对天意在人事上的体现的理解和把握。所以说“天命,即天道之流行而赋于物者,乃事物所以当然之故也。知此则知极其精,而不惑又不足言矣。”孔子说:“君子有三畏:畏天命,畏大人,畏圣人之言。”因为天命是天所赋予的正理。知道了天理可畏,就会戒谨恐惧,不会放任自己的行为而不加约束。《中庸》开篇说“天命之谓性”,天命之性,就是天命之理。天用阴阳五行来化生万物,用气来让万物成形,在万物中都有自己的理。人与物生长出来,也得到天所赋予的理,成为健顺五常之德,就是性。在天人合一中,天与人是息息相通融为一体的。

孔子说:“不知命,无以为君子也。”《明史》中讲,蒙古也先入侵,中官王振要挟皇帝亲征。朝臣都上谏,王振不听。还未到大同,士卒已经缺乏粮食。宋瑛、朱冕全军战死。诸臣请班师回朝,王振不同意,仍催军队前进。大将朱勇跪在地上听命,尚书邝埜、王佐跪在草中,跪到天黑。钦天监正彭德清说,天象示警了，如果还前进的话，恐怕危及皇上。王振却骂他："你们怎么知道！如果真是如此的话，也是天命！"结果大败。王振显然是个不知天命的人，更不用说他是个君子了。

天命观念渗透在中国的小说中，俗化为宿命观、命运观，使百姓们广泛地受其影响。如"三言二拍"中的故事很多就具有天命思想。《初刻拍案惊奇》开篇就说，人生的一切功名富贵"总有天数"，英雄豪杰们该富的并不一定富，该贵的也不一定贵，而那些上天垂青的，即便痴呆懵懂，也会"发科发甲""大请大受"。《聊斋志异》中也经常讲"福善祸淫，天之常道"的天命观。如《邵九娘》中的主人公邵女，她甘于卖身为妾，当受到大妇呵斥、怒骂、鞭挞、铁烙、针刺的虐待时，她不仅不怨恨，反而对丈夫说："当嫁君时，岂以君家为天堂耶？亦自顾薄命，聊以泄造化之怒耳。"认为是天命在惩罚她。《三国演义》中认为"天"有"天数"，地上的国家则有"气数"，"天数"决定人间国家的"气数"。认为"天下大势，分久必合，合久必分"，是由于"天运循环"。《封神演义》开篇就借女娲之口表示"成汤气运黯然，当失天下。凤鸣岐山，西周已生圣主。天意已定，气数使然。"天命观贯穿着始终，认为周王替代商朝是天命，非人力之所能为，即便是神通广大的神仙也无能为力。

正是凭借着通俗的小说、戏曲的传播，天命观在中国人心中扎下了根。也可以说，天命的权威不仅在社会政治领域中得到充分的发挥，而且在人的道德自我约束中也起了重要作用。这也是天命观一种积极的力量。

第六章　宗教观念

一　仙丹

人们常在小说、影视中看到很多仙人炼制仙丹的情节，如《西游记》中太上老君为王母娘娘的蟠桃盛会炼丹药，结果被孙悟空偷吃了。仙人是道教信仰的产物，如说赤脚大仙、八仙等，太上老君就是老子，道教尊老子为其鼻祖，他们修的都是道教。如果是说佛、菩萨、罗汉等，则是佛教的称呼，如佛祖释迦牟尼、观音菩萨、十八罗汉等。

那什么是仙丹呢？原来道教为了成仙，同时修炼内丹与外丹。

外丹术源于先秦神仙方术，是在丹炉中烧炼矿物以制造"仙丹"。此后将人体拟作炉鼎，用以习炼精气神，称为内丹术。苏轼《送蹇道士归庐山诗》："绵绵不绝微风里，内外丹成一弹指。"陈师道注："道家以烹炼金石为外丹；龙虎胎息，吐故纳新为内丹。"内丹术是道家一种重要的修炼方法，现在一般视为道家炼气术的一种。内丹术进行性命的修炼，以人身为鼎炉，修炼"精、气、神"等而达成强身健体、延长寿命，乃至成仙、长生不老之目的。

"内丹"一说，就目前文献来看，最早见于题为东晋许逊所作的《灵剑子》:“服气调咽用内丹。”“学道之士,初广布阴骘,先行气攻,持内丹长生久视之法。”隋朝时,修道于罗浮山青霞谷的道士“青霞子”苏元朗提出“归神丹于心炼”,提倡“性命双修”,强调心身的全面修炼,以此为内丹修炼的核心。唐朝与五代,内丹之道迅速发展,内丹修炼的理论与方法进一步完备和发展。

《四库全书总目提要》说:“后世神怪之迹,多附于道家,原其本始,则始于清静自持。其后长生之说与神仙家合而为一,而服饵、导引入之。”意思是说,后来讲的神仙鬼怪的事情,都依附在道家学说上,后世的长生不老与神仙家合二为一,通过服饵、导引的方法修炼。什么是服饵?这就涉及到外丹的丹药。外丹术,又称炼丹术、仙丹术、金丹术、烧炼法、黄白术等,上边已经提到,外丹是用炉鼎烧炼金石,配制成药饵,做成长生不死的金丹。最早是通过炼制铅、汞、金等来制作长生不老的丹药。开始称作金丹,后来为了与内丹相区别,而称为外丹。相信外丹术的人认为,丹砂可以反复变化,黄金可以永久,因此用他们制成的丹药,吃了可以长生不老。

炼丹术在我国起源甚早,约产生于汉武帝时。《史记》记载,武帝很喜欢李少君,李少君隐瞒自己的年龄,经常说自己已经七十了。曾跟武安侯吃饭,坐中有个年九十余的老人,李少君说自己曾跟老人的父亲游猎,当时老人还是个小孩子,在座的人都很吃惊。李少君跟武帝说:“祠灶则致物,致物而丹沙可化为黄金,黄金成以为饮食器则益寿,益寿而海中蓬莱仙者可见,见之以封禅则不死,黄帝是也。”李少君表明自己会炼丹术,炼出来的黄金可以做成饭碗之类的饮食器具,用这样的器具吃饭就会长寿,长寿就能看到蓬莱仙人。李少君还吹嘘说自己曾在海上遨游,见到了安期生，给自己枣吃，枣子像瓜一样大。

东汉魏伯阳著《周易参同契》，用阴阳论述金丹，被誉为“万古丹经王”。东晋葛洪对当时流传的外丹加以总结，著《抱朴子》一书，将外丹分为神丹、金液、黄金三种，并称金丹为药，烧之愈久，变化愈妙，百炼不消，毕天不朽，人若服之能令人不老不死。唐代时外丹术臻于兴盛，出现了孙思邈、陈少微、张果等炼丹家，服食外丹亦成为一种社会风气。不过外丹多含有毒性，史书上记载与仙丹有关的事情一般都为负面故事。

如《旧唐书》中说，道古进士及第，这个人便佞巧宦，经常与公卿们喝酒下棋赌博，赌博的时候，每次佯装不胜，输给大臣公卿们很多钱，所以当时有虚名，喜欢小利的人很喜欢他。他因为太贪暴，害怕自己最终获罪，就推荐一个山人柳泌来取媚皇帝。宪宗晚年很相信方士，喜欢服食仙丹，不过吃过多了，“暴成狂躁之疾”，就驾崩了。穆宗还是太子，扼腕叹息，等办完丧事，就把方士杀了，道古被贬为循州司马，结果也因为服丹药，吐血而死。《旧唐书》中还说，一个叫李抱真的人晚年好方士，希望自己能长生。有个孙季长，为他炼金丹，跟他说：“服了就会升仙。”李抱真经常对左右的人说：“这金丹秦始皇、汉武帝都不能得到，现在唯有我遇到了。他年我若升仙，就看不到你们了。”夜里梦到自己驾鹤冲天，醒来就让人刻了一个木鹤，自己穿着道士衣服来练习乘鹤。等李抱真吃到了仙丹二万丸时，腹部变硬，吃不下饭，差点死掉。道士牛洞玄开了些药给他吃，病少好一点，他说：“我都快升仙了，怎么能自我放弃呢！”就继续吃仙丹三千丸，不久就死了。

不过，关于仙丹也有稍微没那么负面的故事。《旧唐书》中说，有个道士叫叶法善，自曾祖起三代都为道士，会摄养占卜之术。高宗听说他名声就征他到京师，要加爵位给他，他固辞不受。当时高宗下令广征道士，合炼黄白，即炼仙丹。法善上表说："金丹难炼，徒费财物。这样做有亏于为政之理，请皇上核查其真伪。"高宗听了他的话，就令法善来炼丹，把征集到的九十多道士解散了。《新唐书》中又说，柳公绰为检校左仆射时，有道士来献丹药，柳公绰问他从哪来，道士说："自蓟门。"当时那边朱克融正叛乱，柳公绰就说："真可惜啊，药竟然是从贼境那边来的，就算灵验又有什么好处呢！"就把丹药扔了，把道士驱赶走了。《明史》记载，世宗时，太仆卿杨最劝谏皇上服丹药，皇上下令将其杖死。后来方士胡大顺等又劝皇帝吃金丹，徐阶力陈方士们的虚假言论，方大顺等很快伏法被制裁。

道家修炼内丹有着一套精微的哲学依据，修身养性，对人非常有好处，但修炼的外丹，以目前的眼光来看，只是将各种物质做了一些化学反应的实验而已，若吃下去，则对人体几乎没什么好处。不过，也有人认为，中国炼制外丹之术也对世界文明做出了贡献。中国的道士从方士手里继承了炼丹遗产，因不断探索如何制取"长生不死"的药，发展出很多秘传的实验技术，积累了不少化学知识。8世纪时，炼丹术经阿拉伯传入欧洲，成为近代化学的前驱。

二 知足

中国人经常拿"知足常乐"、"知足不争"等说法来劝诫自己、教导别人。"知足常乐"、"知足不争"中隐藏的中国传统观念即"知足"的观念。这个观念主要是从道家的鼻祖人物老子而来。

李耳像（摘自《中国历代名人画像谱》，福州：海峡文艺出版社，2003 年）

老子在其著作《道德经》（或称《老子》）中多次提到“知足”。第三十三章：“知人者智，自知者明；胜人者有力，自胜者强；知足者富，强行者有志。”意思是说，能了解别人的人是智慧的人，自己对自己有清醒认识的人是明白的人；能胜过别人的是有力的人，能超越自我的是强者；知道满足的人富足，勉力而行的人有志向。第四十四章：“名与身孰亲？身与货孰多？得与亡孰病？甚爱必大费；多藏必厚亡。故知足不辱，知止不殆，可以长久。”意思是说，名声与自身生命哪个是最亲切的？自身生命与外在财富哪个是宝贵的？得到与失去哪个是有害的？过度地吝啬一定最终会造成很大浪费，过多地收藏财物必然会造成很多的损失。所以知道满足最后就不会受到侮辱，知道适可而止就不会遇到危险，这样才能保持长久。第四十六章：“祸莫大于不知足，咎莫大于欲得。故知足之足，常足矣。”祸患中不知足是最大的，过错中欲望是最大的。所以知道满足之足，才是最好的。

老子的“知足”思想的主要意思是说，要追求内在纯真的本性和精神的富有，对外在的名利需看得很淡。三国时期的王弼注释“知足者富”时就说：“知足者，自不失，故富也。”“自不失”就是说自己内在的因素才是最根本的。所以“知足”主要是从精神层面来说的，而不是说在物质层面富足。精神上“知足”，就不会受贪欲的影响。王弼注释中就提道：“天下有道，知足知止，无求于外，各修其内而已。”“知足”不需要外求，修养自己的内在心灵就可以了。名声、名利和外在财富都是身外之物，自身生命要比钱财贵重得多。但世界上大多数人都看不开，过分地追求，过多地占有，最终都会招致祸害，丧失辛辛苦苦积攒下来的东西。“祸莫大于不知足，咎莫大于欲得。”不知足的贪欲是最需要人们警惕和解脱的。老子告诉人们“知足之足，常足矣”，清心寡欲，知道满足，这样才能成为完满的人。

除了老子外，儒家也有知足的意思，但不如老子讲得这样明白直接。如《论语》中提到卫公子，就说卫公子对于财富的态度是：“始有，曰‘苟合矣’；少有，曰‘苟完矣’；富有，曰‘苟美矣’。”意思是说，当开始有些财富的时候，卫公子就说“差不多够家人与自己用了”；财富稍微多一点的时候，卫公子就说“差不多可以了”；变得富有的时候，卫公子就说“已经很完美了”。卫公子表现出来的就是一种知足的态度。

“知足”是很重要的态度，不管是对个人还是对国家。《史记》中说孙叔敖在当楚相时，“施教导民，上下和合，世俗盛美，政缓禁止，吏无奸邪，盗贼不起。秋冬则劝民山采，春夏以水，各得其所便，民皆乐其生”。使国家太平、欣欣向荣。传说孙叔敖还在当令尹时，很多人都来祝贺。有一个老人穿着粗布衣服，带着白帽子，很晚才来，对他说：“有的人身贵但骄横于人，百姓必令其灭亡；有人位高而擅权，君王必定讨厌他；有人的俸禄已厚但不知足，祸患必然来临。”孙叔敖一听赶快对着老人拜了两拜。老人说：“你只要谨守这三者，足以治理楚国了。”孙叔敖成为一个懂得于国于己都知足的人。

汉代初年，皇帝吸取秦朝修始皇陵、建阿房宫、筑长城等大兴土木、贪欲无厌的教训，把老子思想作为国家统治思想，大力提倡并积极践行老子"知足"思想，土木不兴，宫室不修，与民休息。《汉书》中说"孝文皇帝即位二十三年，宫室苑囿车骑服御无所增益"。孝文帝曾经想建造一个露台，召来工匠一问，需要花费百金，于是停止建造。"上常衣绨衣，所幸慎夫人，令衣不得曳地，帏帐不得文绣"，他穿着粗布衣服，为了节省布料，规定夫人的衣服长不得拖地，帏帐不得纹饰绣花。

在"知足"之风影响下，汉代许多人淡泊名利，视富贵、钱财等外在事物如浮云，追求心灵的宁静和精神的富有。

《汉书》中记载，被汉武帝称为"千里驹"的刘德"修黄、老术"，遵循《老子》"知足"的思想。刘德妻子死后，位高权重的大将军霍光想把自己的女儿嫁给他，他不敢娶，"畏盛满也"，害怕过度昌盛会招来灾祸。《汉书》中也说，疏广与侄子疏受共同作为太子的太傅、少傅。太子每次召见，太傅在前，少傅在后，朝廷上都以此为荣。皇太子十二岁时，二人教会了太子《论语》、《孝经》后，疏广对疏受说："我听说'知足不辱，知止不殆'，'功遂身退，天之道'也。现在我们做官已经做到俸禄二千石，名声在外，现在如果不辞官，恐怕以后会后悔的。我们父子相随出关，归老故乡，不很好吗?"疏受叩头说："我听您的。"二人就称病辞官。皇上同意了，与太子一起赐了他们很多金银，在混乱的政治场中脱身而出，回到家乡最终得以寿终。

"知足"成为为官之道的智慧。如果从政的人不知道适可而止就会招致灾祸。《汉书》中记载，王章在长安求学时，独与妻子在一起，生病的时候没有被子，躺在牛皮中，觉得自己活不成了，与妻子诀别，就哭了。他妻子骂他："京师之中就算尊贵在朝廷的人，谁能超过你的才能？你现在病困中，不自己激昂斗志，反而哭，算什么！"后来皇帝的舅舅大将军王凤辅政，举荐了王章。王章在朝廷敢于直言，大臣贵戚都对他又敬又怕。王章虽被王凤举荐，但因为王凤专权，就不亲附王凤。王章上书皇帝，说王凤不可任用，应该更选忠贤，结果就被王凤陷害，定罪为"大逆"。王章上书前，他妻子就劝他："做人应该知足，难道你不想着当年在牛皮中哭泣时？"王章却说："这不是你们女人知道的。"结果上了书，被定罪下狱，妻子与女儿都被流放。

老子的"知足"观念渗透于整个中国历史中。如《晋书》中北凉武昭王李玄盛的皇后尹氏，在玄盛死后，儿子士业嗣位，想攻打沮渠蒙逊，尹氏就劝儿子"知足不辱"，深慎兵战。《旧唐书》中记载房玄龄劝太宗不要攻打高丽，说："彼高丽者，边夷贱类，不足待以仁义，不可责以常礼。古来以鱼鳖畜之，宜从阔略。若必欲绝其种类，恐兽穷则搏。"并且引用老子的话"知足不辱，知止不殆"进一步劝说。但太宗不听，最后导致了征伐的失败。

有人认为，老子提出的这样原则都是针对王公贵族而说的，因为他们会过度贪婪，积攒财富，穷兵黩武等等。其实，对于普通人来说，这些真理何尝不适用呢。在当下物欲横流的社会中，适当节制个人的欲望，满足感幸福感就会强很多。知足不争才能常乐。

三　大乘、小乘

接触佛教的人，经常可以听闻"大乘"、"小乘"这样的说法。

无论是大乘还是小乘，都是发源于古印度的佛教思想的支脉，二者对原始佛教教义某些方面的理解有所差异而分道扬镳。二者的分离，并不是一蹴而就地完成的。相反，这个过程经历了五百年左右的时间。

在喜马拉雅山脉南麓的迦毗罗卫国，国王净饭王的夫人摩耶夫人按照当地的习俗，在分娩前回娘家拘利族天臂国待产，护送她的卫队经过蓝毗尼花园时，夫人看到园中有一株无忧树，繁花满枝，不禁伸出右手去摘那花儿。就在她举手之际，迦毗罗卫国的太子就从她的右肋下出生了。并且，这个刚刚落生的孩子，向东南西北四个方向各走出七步，步步生出莲花，并一手指天一手指地说道："天上地下，唯我独尊，今兹而往，生分已尽。"天空中盘踞着两条龙，口吐热水和冷水为他沐浴。

这个孩子由于他出生时的种种瑞兆，而被起名为"悉达多"，汉语意即吉祥。他是迦毗罗卫国王位的继承人，接受了良好的教育，习得文武技艺。在十九岁时，王子和美丽的堂妹耶输陀罗结婚。据传，一次悉达多乘车出游，遇到一位年纪老迈、贫困、驼背的老人，他仿佛在老人身上看到自己的未来。而后，又碰到一位身患恶疾、痛苦不堪的人。这幅画面还萦绕脑中时，又在途中遇到一具无人收殓的尸体，受到鸟兽啄食肉体。悉达多心中百感交集，他的御者车匿说道："这就是人生的道路啊。"这是"四方游观"的故事。"四方游观"的故事说明，乔达摩·悉达多生活在衣食无忧的宫廷中，却为难以摆脱的生老病死而感到莫名的烦恼，产生了深深的思考。

在他二十九岁的时候，悉达多抛弃妻子和王位，毅然出家。辗转经过六年，终于在他三十五岁时，在一棵菩提树下大彻大悟,得道成佛。随后,佛陀在鹿野苑“初转法轮”,第一次对人讲佛法,佛教正式拥有了它的基本教义而成之谓“教”。自此,以佛陀四圣谛、八正道、十二因缘为要旨的佛教就开始了漫长的发展之路。

佛教的第一次分裂发生在佛陀死一百年。有佛经记载,是由于戒律上的分歧。有的比丘提出“十事”,即包括可接受金银施舍等十件以往戒律所不容许的事。

而另外有一些佛经则记录说分裂是由于对教义的不同理解。

据说,末土罗地方某商人的儿子大天,犯下杀父、杀僧、杀母的三大“逆罪”。他逃至华氏城鸡园寺为僧。修行之后,由于精通三藏、巧于言辞而声名大噪。此前,佛教所认为的,人所能修行到的最高果位是阿罗汉,阿罗汉隔绝一切生死烦恼,已是人之至善。但大天提出异议,认为阿罗汉并非完美无缺,仍然有常人的情欲,且对自已的修行果位出于“无知”,还有迷惑,须有人导引,而无法做到自已“证知”,也不免要发出“苦哉”的声音,并未脱离人世痛苦。由此大天提出,只有佛的修行果位才可以说是完美无缺的最高境界,人人修行的目的都应是成佛,但是又不是所有的人都可以通过修行而成佛。

大天就此向原始佛教教义开始挑战。据记载,在比丘举行布萨的仪式上,大天“升座说戒”,以老比丘为首的一批人,立即与之激烈辩论,最后由国王出面通过表决才平息了这场争论。支持大天的多数比丘组成大众部,而反对大天的少数比丘组成上座部。

大众部和上座部的分离是佛教分裂的开始,佛陀死后两百年，这两个部派内部进一步分裂，大众部分出一说部、说出世部、鸡胤部、多闻部、说假部、制多山部、西山住部、北山住部，本末共九部；根本上座部改名雪山部，分出说一切有部、犊子部、法上部、贤胄部、正量部、密林山部、化地部、法藏部，一百年后，分出饮光部，又一百年，分出经量部，这样本末共十一部。大众九部和上座十一部相加，就是佛教史上所说的“小乘二十部”。而此时，佛陀死去已经四百余年。这个阶段，还是佛教的早期发展——部派佛教。虽然教派分裂严重，但往往是针对个别教义甚至是就一句佛偈的理解差异而导致的分裂，总体教义上并没有太大的分歧。至此，也仍没有产生所谓的大乘、小乘之分。

大约在公元一世纪，大月氏人在中亚建立起一个强大的帝国——贵霜。此际，地理上的交集，产生了一个受婆罗门教影响的新部派。它一反从前佛教不拜偶像、追求自我解脱进入不再轮回的涅槃，转而开始神化释迦牟尼，称他为“如来佛”，并造出各种菩萨，宣传只要虔诚修行，众生皆能成佛。新教派自称“摩柯衍那”，“摩柯”意为“大”，“衍那”即“乘载”或“道路”，汉语呼之“大乘”。大乘佛教贬抑原教派为“小乘”，至此，大乘、小乘的说法才产生。

溯源追本可以发现，所谓的小乘佛教，是较多地继承了原始佛教，遵从着佛陀生前创教时的传统；而大乘佛教，则对其作了大胆的改变。在哲学上，小乘到大乘，也由“我空法有”的发展成“法我两空”，自成体系的哲学思想更趋精密。

贵霜之后，佛教分别向南向北开始传播。南传佛教主要传向缅甸、斯里兰卡、泰国、柬埔寨及中国云南傣族地区，主要是小乘佛教。北传佛教则是经西北印度和西域诸国传到中国、日本、朝鲜以及尼泊尔和中国西藏，这支佛教传统则是大乘传统。

佛教的发展，尤其是北传佛教发展中，中国佛教的发展是极其重要的一支。《史记·卫将军骠骑列传》中有记载："元狩二年春，以冠军侯去病为骠骑将军，将万骑出陇西，有功……杀折兰王，斩卢胡王，诛全甲，执浑邪王子及相国、都尉，首虏八千馀级，收休屠祭天金人。"公元前129年汉武帝时，霍去病再次出击匈奴，转战六日，除了斩杀、俘获匈奴王爷多人之外，战利品中还有从匈奴休屠王处获得的"祭天金人"。这所谓的"祭天金人"，很可能就是大乘佛教兴起之后，伴随对佛陀的神化，而产生的早期佛像。通过古西域诸国，中国和佛教有了初步的接触。

而中国人正式接触佛学，则在《后汉书》中有记载。东汉明帝刘庄，某夜在梦中见到高达丈余的金光神人，明帝感到疑惑不解，第二天在朝堂上征问群臣梦中的神仙到底是何人。有个叫傅毅的"通人"回答说，西方有号曰佛的神人，身高丈有六尺，且金光四射。于是，明帝就派人到西域求取佛法，在大月氏遇到天竺僧人竺摩腾、竺法兰，一起回到洛阳。明帝特别于洛阳修建了白马寺，安置佛像和经卷。

大乘佛教演绎了佛陀种种异于常人的经历，不免使不太了解的中国人将其之视为怪力乱神。在佛教传入初期的漫长时间里，一直有和本土思想的"夷夏之辨"。佛教与稍后的道教，长期相互贬抑，道教徒更是编出《老子化胡经》来让国人认清佛教的外来身份。不过，无论佛、道，宗教始终未能凌驾于帝王政治之上，所以佛道之争也并未演化成十分激烈的争斗。自东汉传入以后，佛教绵延不绝，与中国文化共生息、相交融，深刻地影响了中国的思想、宗教以及艺术。但与此同时，传到中国中原的大乘佛教产生了一些中国化的变化，形成了自己的特色，当然，总体仍是大乘的传统。

目前，大乘、小乘虽然有明显的差异，且在地域分布上也有所不同，但二者源于一处，很难有确切的标准将它们完全区别开来。对佛教以及佛教哲学感兴趣的人们，只要从佛教中寻求智慧的导引，不必太过囿于大乘抑或小乘。

四　佛与菩萨

佛与菩萨同为佛教中的概念，其来源均是梵文。

佛，其实是佛陀的简称，音译自梵语的 Buddha，是“觉者”的意思。这里的“觉”有三个等次，分别是自觉、觉他、觉行圆满。“自觉”要求独善其身；“觉他”是菩萨行，要有慈悲心，教化众生；而“觉行圆满”只有佛能做到，是佛教修行的最高境界。

佛在大乘佛教和小乘佛教中含义不同，应当区别理解。

小乘佛教讲的佛一般是对释迦牟尼佛的尊称。释迦牟尼佛也就是民间惯称的如来佛，本是古印度迦毗罗卫国的太子，是释迦族人，牟尼的意思是“能仁”，后泛化为贤者之意，故而太子在菩提树下修成正果后被尊称为释迦牟尼佛。在佛教经典中，释迦牟尼佛在降生为人之前其实是一生补处菩萨，在兜率天说法，号“白幢天子”。后在诸佛的殷切劝请之下，得过去佛燃灯佛的授记，释迦牟尼佛降生于世，说法度众。

释迦牟尼佛经过降兜率、出生、出家、降魔、成道、说法、涅槃，即所谓“八相成道”，最终修成正果。

这种传说类似于中国上古祖先的起源，具有神话色彩。但释迦牟尼佛被认为是佛教的创始者，自然也就难免会有众多的敷衍，以佛之与众不同使凡人敬畏，又用佛苦行求道激励众生。而佛陀生平事迹也多载于佛经之中，诸如《长阿含经》、《转法轮经》中都有记载。

在大乘佛教中，佛则不是单指某一人，而是泛指一切觉行圆满者。这样一来，可称为佛的就多了。宣称三世十方，到处有佛，其数如恒河沙子。比如过去有燃灯，当世有如来，未来有弥勒。

值得注意的是，佛教中有“佛十号”的说法，也就是说每位佛都有十个尊号，分别是如来、应供、正遍知、明行足、善逝、世间解、无上士调御丈夫、天人师、佛和世尊，这十种尊号在《大乘义章》中均有详细的解释。并且，最初佛本有一万个名号，由于众生无法记忆，便缩减为一千个；众生依然记不住，便减为一百个；一百个也嫌太多，终于定为十个。由此可见，“如来”本是释迦牟尼佛的十个尊号中的一个，相当于一种“职称”，并不是释迦牟尼佛的专有，《大智度论》中解释其意是“如实道来，顾名如来”。只是，在民间，人们习惯将释迦牟尼称为如来佛，故而习惯成自然。

至于菩萨，则是梵语 bodhisattva 的音译，菩提萨埵的简称。菩提的意思是觉悟，萨埵则是有情，原是释迦牟尼佛未成佛时的称号。在佛教初创的小乘时期，仅把释迦牟尼累世修行的前身和尚无成佛的悉达多王子称为菩萨。大乘佛教创立后，根据“人人皆可成佛”的理论，把“以智上求无上菩提，以悲下化众生”的人都称为菩萨。不仅声名远播的文殊、普贤、观音是菩萨，甚至是得道高僧、修行居士都可称作菩萨。在佛教流传过程中，菩萨的含义逐渐扩大，菩萨的形象也愈加具体。在古印度佛教中，菩萨通常是男子形象。释迦牟尼本人也不赞成女子出家修行，他的生母摩耶夫人早逝，精心抚养他的姨母为了修行向他苦苦哀求才得到接受。但流传到中国，由于具体情况的演变，菩萨也出现了温柔、慈爱、光辉的女性或者是母性形象。最具有代表性，影响力也最大的当然是观世音菩萨。

观世音菩萨道场：浙江普陀山（作者拍摄）

《妙法莲华经》中记载："若有无量百千万亿众生受诸苦恼，闻是观世音菩萨，一心称名，观世音菩萨即时观其音声，皆得解脱。"也就说，当众生受苦难，只要诚心唤观世音菩萨名号，菩萨便能解救众生，譬如四大名著之一的《西游记》，唐僧师徒但凡遭遇连齐天大圣都难解的困境，必定首先考虑求助于南海观世音菩萨。故而观世音菩萨全称尊号是"大慈大悲救苦救难观世音菩萨"。《西游记》是小说家的敷衍铺陈之词，不过玄奘法师西行的记载中的确多次提到祈求观音灵验的经历。最具有玄幻色彩的莫过于说玄奘法师正在横渡八百里流沙，经过了五天四夜的沙漠旅行，未得滴水润喉，他和所骑之马，均因缺水而倒卧在沙漠之中，此时法师便在心中默祷观世音菩萨，说："玄奘此行，不求财利，无冀名誉，但为无上正法来耳，仰惟菩萨，慈念群生，以救苦为务，此为苦矣，宁不知耶？"祷告之后，在夜半忽有凉风触身，爽快如沐寒水，全身舒畅，眼得明朗，马也能起来走了，走了十多里，马儿忽然走向岔路，制止不住，又经数里，忽见青草数亩，并有一个水池。奘师与马，始得救济，重保生命，此一水草绝非原有，乃是观音菩萨慈悲变现而来。

由此便可知道，世人敬佛拜菩萨的原因，不外乎如此。譬如观世音菩萨，大慈大悲，普度众生，即便不是佛教信徒，也常常在游览古刹，或者是年节时拜一拜，以求平安。除此以外，佛教在传播过程中不断完善，由佛至菩萨，菩萨至罗汉，都各司其职。比如文殊菩萨"大智"，司智慧，受到读书人的青睐；地藏菩萨"大愿"，能助人称愿；普贤菩萨"大行"，完成求佛者的志愿。诸如此类，就致使了非佛教徒也敬拜佛与菩萨。

这样，佛与菩萨便成为一种精神上的寄托，人人皆可依赖。在当前宗教信仰自由的时代，佛教的发展也不断地多元化，而佛与菩萨的概念必然也会随着时代的发展而改变。

五　报应

中国人都深信报应的观念。报应观念产生的时间很早，《周易》中就有"积善之家，必有余庆；积不善之家，必有余殃"的说法，也就是善有善报、恶有恶报的意思。孔子的弟子曾子也曾说过："人之为善，福虽未至，去祸远矣；人之为恶，祸虽未至，去福远矣。"做善事就会远离祸患，做恶事就得不到福气。中国有句俗语就说："不是不报，时候未到。"传统的中国人相信人所做的一切在冥冥之中自有天意。

不过细分起来，中国的报应观念应该有两个源头，一个是从中国传统的天人感应而来。人与天是一体的，人能感应到天，人的所作所为上天也一定知道。东汉的王充在《论衡》中记载了当时人们相信报应的情形，说"世论行善者福至，为恶者祸来，福祸之应皆天也"，就认为是福是祸都是天的作用。汉代已经流传很多天人报应的故事。如有个孝妇，对其婆婆非常孝顺，婆婆为了不连累她，就自缢身亡了。后来婆婆的女儿去告官，说嫂子杀了她妈妈，孝妇被冤而死。结果郡中枯旱二年，滴雨不下。新太守上任，带着祭品去祭奠孝妇的坟茔，天立刻下起大雨。在这个故事中，天代表着无穷的力量，是人类的主宰。人所做的事情是会受到天的惩罚或嘉奖的。

报应观念的第二个源头是汉代佛教传入之后带来的因果报应思想。佛教认为，世界上万事万物都是因缘和合而来，有因有缘必然有果报。善因就有善的果，恶因会产生恶果。佛教有关因果报应的阐述很多。《大正藏》中的《善恶因果经》就历数众生"受报不同者，皆由先世用心不等，是以所受千差万别"。比如"身端政者从忍辱中来为人，丑陋者从慎恚中来为人，贫穷者从铿贪中来为人，高贵者从礼拜中来为人，下贱者从骄慢中来为人"，现在身份高低贵贱不同是从前世的作为中而来。"今身屠杀斩截众生者死堕刀山剑树地狱中"，"今身多邪行者死堕铜柱铁床地狱中"，"今身两口骂人者死堕拔舌地狱中"，做了坏事要下不同的地狱之中。相反，积善行德则可免上述苦难。《幽冥记》中的《赵泰》，叙述赵泰游冥经历，见闻一如佛典中所讲，说地狱中有五百多鬼吏，对录人名，辨别人做的善恶之事，决定转世之后的变身形状。杀人的人当变作蟒虫，朝生夕死，若转生为人，常短命；偷盗的变作猪羊身，屠肉偿人；淫逸的人变作鹄鹜蛇身；恶舌的人变作鸱鸦鸺鹠，叫声难听，人听到了会诅咒它快死。并且，报应也不限于人的此生，前生、后生都在报应范围内。东晋高僧慧远依据佛经提出了三业三报说，他认为“业有三报：一曰现报，二曰生报，三曰后报。现报者，善恶始于此身，即此身受。生报者，来生便受。后报者，或经二生、三生、百生、千生，然后乃受”。简单来说，现报就是这一世就受到报应，生报就是来生会受到报应，后报就是在不断轮回转世的过程中都会受到报应。

中国的报应观念很深，正史中就有大量的报应的记载。如《汉书》中，汉成帝在长安南郊郊祀时，诏曰：“朕亲饬躬，郊祀上帝。皇天报应，神光并见。三辅长无共张繇役之劳，赦奉郊县长安、长陵及中都官耐罪徒。减天下赋钱。”说自己亲自来祭祀天帝，天帝有报应，出现神光，皇帝因而决定大赦并减少赋税。《汉书·刑法志》中说，动用军队，是为了存亡继绝，救乱除害的，如果动用军队做贪婪残暴之事，“急城杀人盈城，争地杀人满野”，就会得到报应，只因天道如此。

在历史中，当有臣子想向皇帝献媚时，通常都会说，我朝是多么圣明，这是上天的报应。如《晋书》中记载魏文帝黄初时，护军蒋济就上奏说：

> 今大魏承百王之弊乱，拯流遁之艰厄，接千载之衰绪，继百代之废业。始自武文，至于圣躬，所以参成天地之道，

纲维人神之化。上天报应，嘉瑞显祥，以比往古，无所取喻。

拿天意来糊弄皇帝。《汉书》中汉武帝从汾阴得到一个宝鼎，很高兴，放在甘泉宫中。群臣都来祝贺说："陛下得到了周鼎啊。"吾丘寿王却独独说这不是周鼎。汉武帝知道了，召见他问："朕现在得到了周代宝鼎，群臣皆都觉得是，寿王为什么说不是呢？你有什么说法？如果是乱说的，则是死罪。"寿王回答："臣听说周代之德开始于后稷，经过文王、武王，在周公时代大显。这是上天报应，鼎为周出，所以叫周鼎。如今汉代从高祖继承周代之德，昭德显行。到了陛下，更是恢廓祖业，功德更盛，天瑞并至，珍祥毕见。所以这个宝鼎自然就出来了，这是天赠与我大汉的，是汉宝啊，不是周宝。"武帝一听很高兴，就赐他黄金十斤。不过，后来这个胡乱解释上天报应、拍马屁的家伙犯了事就被诛杀了，看来胡乱解释上天报应也会得到报应。

佛教在东汉传入中国以后，正史中也开始提到佛教的因果报应学说。《后汉书》的注中说："浮屠，佛也，西域天竺国有佛道焉……以为人死精神不灭，随复受形，生时善恶皆有报应，故贵行善修道，以炼精神，以至无生而得为佛也。"据说汉明帝梦见金人又高又大，头项背后有日月光，有人告诉他"西方有神，其名曰佛"。《晋书》中记载王坦之与沙门竺法师交往甚厚，经常讨论幽明报应的问题。几年后，竺法师突然来跟王坦之说："我已经死了，罪福皆不虚。你应该勤修道德，就可以上升为神明。"说完就不见了。很快，王坦之就死了。

南北朝时期，因为佛教的发展兴盛，《魏书》中有不少报应的记载。如拓跋熙在打仗过程中，非常贪暴，对方已经投降，他还斩杀无辜,多增首级,邀功请赏。他还曾经因诬陷他人没有得逞而杀了上级官员。拓跋熙在任城王澄死前,梦到有人告诉他:“任城王当死。死后二百日,你也会死。若你不信,试看任城家。”拓跋熙在梦中看任城王宅邸四面墙崩,他醒来告诉了亲人。等他死时,果然就如梦到的一模一样。他死后,“议者以为有报应焉”。《魏书》中也提到,崔浩非毁佛法,而他妻郭氏却敬好佛典,时时读诵。崔浩大怒,就把佛经取来烧了,将纸灰倒入厕所中。后来崔浩犯事,被关入囚车之中送到城南,护送的卫士十多人把粪便倒在他身上,他痛苦得大哭小叫,“世皆以为报应之验也”。人们都觉得这是报应。

随着佛教的兴盛,在报应的观念中佛教的因果报应观渐渐占据了主流。唐代时,佛教发展相当兴盛。不少皇帝都相信佛教报应学说。如《旧唐书》中记载唐太宗临朝时问傅奕:“佛道玄妙,圣迹可师,且报应显然,屡有征验,卿独不悟其理,何也?”唐太宗问傅奕为什么不懂佛教玄妙、报应之理,表明唐太宗是知道佛教的报应学说的。《新唐书》中,徐州节度使张建封死时,濠州刺史杜兼急忙赶来,想做这个节度使。李藩哭着对他说:“张建封刚去世,你应该守着疆土,为什么来?快回去吧,否则我就会弹劾你!”杜兼走了,怀恨在心,诬奏皇帝说张建封死了,李藩整顿军队,好像要造反。唐德宗大怒,秘密下诏给徐泗节度使杜佑,让杜佑去杀李藩。杜佑一直很欣赏李藩,得到诏书,十天都没有动作,召见李藩说:“世人都说生死报应,灵验吗?”李藩曰:“当然。”杜佑说:“如果你明白这个道理的话,你就会遇事无恐。”就拿出秘诏给李藩看,李藩看了面不改色,说:“这一定是杜兼报复我的!”杜佑说:“你不用怕,有我在,就会保住你。”德宗不太相信杜佑的话，就追查李籓。李籓入朝廷，德宗一看他的神态样貌，就说："这怎么能是叛乱的人呢?"马上把李籓放了，还请他做秘书郎。

报应观随着时代的发展，在中国人心中影响越来越大。明清小说、话本中有大量的小说都渗透着因果报应的观念。如《三言》中《闹阴司司马貌断狱》写韩信生前尽忠报国，为汉朝打下了半壁江山，最后含冤而死。韩信死后转世为曹操，先为汉相，后来做了魏王，坐镇许都，霸占了汉朝的半壁江山，以报前世之仇。刘邦则转世为汉献帝，一生都被曹操欺辱。吕后转世为伏皇后，被曹操用红罗勒死在皇宫之中，以报长乐宫之仇，小说是表明"正是天地无私，果报不爽"。后来的《金瓶梅》、《红楼梦》中都有鲜明的因果报应思想。因果报应思想也随着小说这种较为通俗的文学形式在百姓心中影响更深。

总之，不论是天人报应，或是佛教的因果报应也有很积极的一面，它可以让君主、百姓在道德层面上遵守一些规则，而不会肆意妄为。从某种意义上说，这种报应观念在道德与信仰几乎完全丧失的时代，对于维系国家运转、维系百姓生活仍有重要的意义。

六　轮回转世

很多中国人都相信人会轮回转世。轮回是佛教的一个重要思想。轮回观念与报应观念是紧密相连的。佛教认为，人受业识的牵引，一定会受到报应，根据人生时所做的事情，会转生到六道不同的空间，就是"轮回"，或者叫"六道轮回"。

六道轮回中的六道分别为：天道、人间道、修罗道、畜生道、饿鬼道、地狱道。这六道的状况是:“天道,受人间以上胜妙果报之所;人间道,人类之生所,有四洲之分,能稍修戒善感报而生;修罗道,大力神之生所,因常怀嗔心而好斗,故以深山幽谷为所,与人隔离;畜生道,禽兽之生所,多以人界为依所,而眼可见;饿鬼道,常求饭食之鬼类生处,与人界共处,但眼不可见;地狱道,恶人受苦痛之处,在地下受八热八寒之苦。”据佛经《观佛三昧经》载:“轮回六趣,如旋火轮。”一切众生从无始以来,即已在六道中轮回不息。如《宋史》中记载宋太宗和宋真宗时,说两位皇帝是太阳转世。岳飞同时代的韩世忠被人认为是蛇精转世。徐梦莘的《三朝北盟汇编》记载:“世忠既贵,与将吏骑马出郊,喜坐于浅草中。世忠语急而声厉,每言则吐舌,或以为是蛇精。”可见,两位皇帝应该是从天道进入人间道而为皇帝,韩世忠则是从畜生道轮回入人间道。

佛教认为,若造善业终得乐报,如进入天、人二道;若造恶业终得苦报,如进入畜生、饿鬼、地狱。六道可分为三善道和三恶道。三善道为天、人、修罗;三恶道为畜生、饿鬼、地狱。如果轮回入恶道,则特别可怕。如轮回入饿鬼道,饿鬼道的众生非常痛苦,饿鬼的头很大,长满脓疮、腹部鼓胀;经常很饿,连一点吃的也得不到,一滴水也得不到。众生之所以会投生在饿鬼道是因为贪业的缘故。饿鬼道的众生是胎生的,而且每胎便会生下几百个小鬼婴。

佛教相信,任何人若遵守五戒,可得六根整然人身。若在五戒上,再加行十善,即可升到天界。如果修证成佛,则可以脱离六道轮回。

佛教从东汉传入中国,轮回观念就对中国产生了很大影响。

《后汉书·西域传》中记载西域“又精灵起灭,因报相寻”,在注释中就说,“精灵起灭”是说的“生死轮回无穷已,因报相寻谓行有善恶,各缘业报也”。正史中记载不少人相信佛教轮回观念,如《南齐书》中说周颙“长于佛理”,清贫寡欲,整日吃素食蔬菜杂粮,虽有老婆孩子,但自己独处山舍。文惠太子问他:“菜食什么最好吃?”他说:“春初早韭,秋末晚菘。”当时何胤也精信佛法,但没有妻妾。太子问周颙:“卿对佛法的精进与何胤相比怎么样?”周颙:“都各有牵累。”太子问:“你们有什么牵累?”周颙说:“周某人有妻,何某人吃肉。”周颙写给友人的信中就说:“一往一来,一生一死,轮回是常事。”

当然正史中有儒家学者反对轮回观念,如《元史》中记载吴澄坚守儒家学说,英宗即位,下旨召集擅长书法的人,用黄金粉为泥,书写浮屠《藏经》。英宗召见吴澄为此写个序文,吴澄说:“主上写经,为民祈福,确实是盛举。但是轮回之事,就算是学习佛经的人,都有时不说。不过是说‘为善之人,死则上通高明,其极品则与日月齐光;为恶之人,死则下沦污秽,其极下则与沙虫同类’。佛教有些人把此观念拔高了,以迷惑世人。今圣上位于神列,上同日月,不需要这样吧。”此时正好英宗驾崩,此事不了了之。站在儒家的立场,当然对佛教的轮回转世有所保留,因为儒家说“六合之外,圣人存而不论”,并不讨论“怪力乱神”的东西。不过,清代的纪晓岚认为:“轮回之说,儒者所辟。而实则往往有之。前因后果,理自不诬。”并且说:“天地之大,何所不有;幽明之理,应得而穷。不必曲为之词,亦不必力攻其说。”天地之大,总有一些人无法解释的现象,因而他对轮回转世学说非常宽容。

轮回观念在中国普通百姓心中影响很大。南宋洪迈编的《夷坚志》中收集故事2700多例，其中讲轮回或果报的竟占到660多条。比如“陈氏女为白起”讲白起嗜杀而世代轮回为女身；“张一偿债”说人转世为牲畜来还钱；“天柱雉儿行”是野雉听佛经得善报转世成人等。民间大量的轮回转世故事，不仅仅是佛教理论的简单阐释，而是百姓对于人生和社会的看法。轮回观念会促使人们反省在日常生活中的行为方式，知道自己应该怎么做，不做亏心事，不滥杀，不作恶，等等。

有时，轮回转世的传说寄托了人们美好的愿望。比如岳飞的轮回故事。从南宋开始，岳飞被认为是精灵转世。不过，最早岳飞的前身却是猪精。曾敏行的《独醒杂志》讲到，岳飞小时，曾经在长安道中遇到一个看相的老人叫舒翁。当时岳飞很穷，舒翁仔细端详了他，说：“你以后肯定会显贵，掌握重兵，但会死于非命。”岳飞问：“什么意思？”舒翁：“你是猪精转世而来，猪硕大时必然受害。你显贵时嫉妒你的人会很多。”后来岳飞果然被谗邪所害。在文人的笔下，这时候的岳飞是猪精，从畜生道轮回转世而来。当然，这样来描述岳飞死于非命的原因显然与百姓对岳飞的英雄期待不同。明末清初时徐道的《历代神仙通鉴》记载的岳飞，就不再是猪精转世。徐道记载说，宋徽宗时，关羽在皇宫中显圣，宋徽宗没见张飞，问张飞在哪呢？关羽说：“飞与我累劫都为兄弟，世世都为男子身，在唐代为张巡，如今已为陛下生在了相州岳家。他日辅佐你中兴，飞将有大功。”此时在相州汤阴有人叫岳和，存心宽厚，妻子姚氏非常贤惠，快生小孩时，梦见一个铁甲丈夫进来说：“我汉代张翼德，应该住在此处。”醒来后就产了一子。因为当时一只鹄在屋顶飞鸣，所以取名叫岳飞。

岳飞像(摘自申仁编《故宫旧藏珍宝欣赏》,上海:上海科学技术出版社,2000年)

在这个故事中,岳飞是前代的英雄张飞轮回转世而来。岳飞的形象变得高大起来。到了《说岳全传》,岳飞则是"大鹏金翅鸟"转世。大鹏是《庄子》中的神鸟,"北冥有鱼,其名曰鲲。鲲之大,不知其几千里也;化而为鸟,其名为鹏。鹏之背,不知其几千里也;怒而飞,其翼若垂天之云"。气势非常雄大。而金翅鸟则是佛教中的神鸟,与恶龙斗争,专门护持佛教的转轮王。《说岳全传》将两种神鸟合并在一起,岳飞就不仅仅是从人道的英雄转世而来,而是从天道中的神鸟轮回转世而来,所以,这种说法一出现,迅速传播开来。因而可见,轮回转世也寄托了普通百姓对美好事物的期望与愿望。

时至今日,轮回转世的观念在人们心中仍有很重要的地位。莫言的长篇小说《生死疲劳》就采用了轮回的视角出入1949以来不同时期的历史,写出一个精彩带有反思历史的故事。

七 阿弥陀佛

中国人的一个口头禅是"阿弥陀佛",在中国的小说与电影中也经常听到人念"阿弥陀佛"。"阿弥陀佛"什么意思呢?为什么要念"阿弥陀佛"呢?

"阿弥陀佛"是梵文"Amita-buddha"的音译,"阿"译为"无",

“弥陀”译为“量”,“阿弥陀”即“无量”。所以“阿弥陀佛”意思为“无量佛”。《阿弥陀经》中载:“彼佛何故号阿弥陀? 舍利弗,彼佛光明无量,照十方国,无所障碍,是故号为阿弥陀。又舍利弗,彼佛寿命,及其人民,无量无边阿僧祇劫,故名阿弥陀。”即是说“阿弥陀佛”因为其寿命无量、佛光遍照无穷的缘故,可以称为“无量寿佛”和“无量光佛”。“无量寿佛”和“无量光佛”都是阿弥陀佛。不过,在藏传佛教中,无量光佛与无量寿佛是以不同的外形出现的。另外有说法认为,阿弥陀佛为法身佛,无量光佛为应化身佛,无量寿佛为报身佛。还有人认为阿弥陀佛即大日如来毗卢遮那佛的化身。

清姚燮《无量寿佛像(局部)》(摘自《历代名画大观·花鸟人物轴》,上海:上海书店出版社,1997年)

阿弥陀佛成道之本缘,据《无量寿经》卷上载:过去久远劫世自在王佛住世时,有一国王发无上道心,舍王位出家,名为法藏比丘,于世自在王佛处修行,熟知诸佛之净土,历经五劫之思虑而发殊胜之四十八愿。此后,不断积聚功德,而于距今十劫之前,愿行圆满,成阿弥陀佛,在离此十万亿佛土之西方,报得极乐净土。迄今仍在彼土说法,即净土门之教主,能接引念佛人往生西方净土,故又称接引佛。也就是说,阿弥陀佛在成佛前是妙喜国的国王,他非常喜欢听佛说法,就放弃了王位,出家为僧,法号法藏比丘。他认为人在世间是“秽土”,于是发下四十八个大愿,一定要成就一个西方极乐世界。发完心愿时立地成佛,就是阿弥陀佛。阿弥陀佛与观世音菩萨、大势至菩萨等清净大海众菩萨接引十方念佛众生。释迦牟尼佛多次宣讲阿弥陀佛的念佛法门,推荐人们到只有欢乐、没有痛苦的极乐世界去生活。十方三世一切诸佛都称叹阿弥陀佛功德,所以念“阿弥陀佛”的名号,十方三世一切诸佛都加以护念。念他的佛号,他就能接引人到西方极乐净土世界,所以也叫做接引佛。

一般来说,在佛教寺院或其它遗迹中看到的阿弥陀三尊像,通常中间是阿弥陀佛,两边是观音菩萨和大势至菩萨,他们并称为西方三圣。

学者顾珏认为,从宗教史学的角度来看,“阿弥陀佛”的出现可能与太阳崇拜有关。古代印度婆罗门教崇拜太阳,称太阳神为弥陀罗。佛法虽然本来没有这样的说法,然而在大乘佛教推广过程中,为了让百姓容易接受,太阳崇拜的思想也就作为方便的法门被含摄到阿弥陀中。比如《观无量寿佛经》第一观是“落日观”,经中记载:

> 云何作想?凡作想者,一切众生,自非生盲,有目之徒,皆见日没。当起正念,正坐西向,谛观于日欲没之处,令心坚住,专想不移。见日欲没,状如悬鼓。既见日已,闭目开目,皆令明了。是为日想,名曰初观。

看着落日，让自己的心坚住，心思不变。看到太阳完全下去，闭眼开眼，就会明了人的念头的起落。在观落日之后，逐次观水、观地、观园林、房屋，观阿弥陀佛、观音、势至等。“阿弥陀”本身就是“无量光”的意思，就是太阳光的扩大和引申。佛教吸收了古印度崇拜太阳神的思想，同时又受到来自希腊、波斯等地宗教他力救济的祈祷崇拜影响，逐渐创造出了“阿弥陀佛”。在《大乘无量寿经》中，释迦牟尼佛训示阿难礼拜阿弥陀佛，就说应当“向落日处”。

前边提到《无量寿经》中叙述的阿弥陀佛成道之本缘，其实在不同的经典中，对阿弥陀佛的本生因缘有不同的描叙。《悲华经》说，往昔恒河沙数不可数千万亿劫的时间以前，有一个世界称为删提岚，劫名善持。其中有一个转轮王名叫无净念，于宝藏如来处，发菩提心，期愿摄取庄严的净土。佛即为他授记，告诉他进入第二个恒河沙数不可数百千万亿劫的时间内，此时的世界转名为安乐，这时候成佛，号“无量寿如来”。《一向出生菩萨经》说，阿弥陀佛在无量不可数时劫的时间以前，为转轮王的太子，名字为不思议胜功德。十六岁时，从宝功德星宿劫王如来之处，听闻到法本陀罗尼。在七万年中，精进勤奋修行学习，未曾睡眠，也不卧倒休息。后来得遇九十亿百千那由他诸佛，对诸佛所说的法语，都能听闻受持修行学习，厌离在家，剃发出世，作出家沙门。出家以后，在九万年中，修习陀罗尼，最后成佛。《法华经》说，大通智胜佛未出家时，有十六位王子，都在童子的年纪出家而作沙弥。大通智胜佛既已成佛，说完《法华经》之后，进入寂静的屋室，经八万四千劫。当时十六位王子菩萨，各个高升法座，为比丘、比丘尼、优婆塞、优婆夷四部大众，分别疏通《妙法莲华经》的义理，一一皆度六百八十万亿那由他恒河沙数等众生。此十六位菩萨，其中一位即是阿弥陀佛。

需要说明的是，在早期的佛教典籍中，如《般舟三昧经》、《大阿弥陀经》、《维摩诘经》等经典中只有“阿弥陀佛”的名号，而没有无量寿佛和无量光佛之称。“无量寿”和“无量光”应该是随着后世净土思想而发展出来的。

中国佛教中的净土宗发扬了净土法门，依靠佛力的接引，离开现实的污秽的世界，往生西方净土，成为佛教中最容易使人接受和信仰的一个宗派，因而在中国流传最广、影响最大。净土宗用念佛名作为宗教修行的主要方法。每天念佛万声以至十万声，死后即可得到佛的接引，送往西方安乐净土。由于修行简易，不要理论，甚至不必识字，只要会念“阿弥陀佛”名号，即可得到解脱，所以在中国非常流行。

作为口头禅，口中念“阿弥陀佛”在中国影响很大，《红楼梦》中就有很多这样的例子，如“刘姥姥道：‘阿弥陀佛！全仗嫂子方便了。’”“黛玉听了笑道：‘阿弥陀佛！到底是我的好姐姐。’”“宝玉故意说：‘不好吃，不吃了。’玉钏儿道：‘阿弥陀佛！这还不好吃，什么好吃？’”“阿弥陀佛”在口头中逐渐丧失了其佛教的意味，而变成一种感叹词。